코스피
5000
시대를
위한
기업 밸류업

**코스피
5000
시대를 위한
기업 밸류업**

초판 1쇄 발행 2025년 1월 10일

—

지은이 박상인
펴낸이 이방원
책임편집 정우경   **책임디자인** 손경화
마케팅 최성수 · 김 준   **경영지원** 이병은

—

펴낸곳 세창미디어

신고번호 제2013-000003호 주소 03736 서울특별시 서대문구 경기대로 58 경기빌딩 602호

전화 02-723-8660 팩스 02-720-4579 이메일 edit@sechangpub.co.kr 홈페이지 http://www.sechangpub.co.kr

블로그 blog.naver.com/scpc1992 페이스북 fb.me/Sechangofficial 인스타그램 @sechang_official

—

ISBN 978-89-5586-836-4 03320

이 저서는 2024년도 서울대학교 한국행정연구소 연구총서로 발간되었음.

코스피 5000 시대를 위한

기업 밸류업

박상인 지음

세창미디어
MEDIA

2023년 3월에 도쿄증권거래소가 기업 밸류업 프로그램을 시작한 이후, 2024년 1월 28일까지 닛케이 지수Nikkei Index와 토픽스TOPIX는 각각 24.8%, 22.5% 상승했고, 2024년 2월 22일에는 일본 닛케이 지수가 사상 처음으로 39,098엔 포인트를 기록해 종전 최고치였던 1989년 12월 29일 38,915엔 포인트를 경신했다. 이에 자극을 받은 한국 정부는 2024년 1월 17일 기업 밸류업 프로그램을 도입해 상장기업의 기업 가치를 제고하겠다고 밝혔고, 이를 계기로 '밸류업'이란 용어가 언론과 국내 주식투자자들 사이에서 통용되기 시작했다.

그러나 정부가 주도적으로 발표하고 있는 기업 밸류업 프로그램은 2023년 2월 도쿄증권거래소의 '자본비용과 주가를 의식한 경영'의 실천 방침과 구체적인 이행 목표를 피상적으로 모방하는 데 그치고 있으며, 왜 기업 밸류업 프로그램이 필요한지에 대한 근본적인 성찰도 없고, 주가부양과 기업 밸류업의 차이에 대한 이해도 결핍되어 있다.

기업 밸류업 프로그램은 저평가된 기업의 주가를 끌어올리도록 유인하거나 강제하는 정책이라고 정의할 수 있다. 그렇다면, 왜 주식시장에서 가치가 저평가된 기업이 스스로 기업 가치 제고를 위해 충분히 노력하지 않을까라는 의문이 들 수 있다. 또 미국이나 영국 같은 나라에서는 왜 이런 기업 밸류업 프로그램이 명시적으로 시행되지 않았는가라는 질문도 할 수 있다. 이 책은 이런 의문과 질문에 대한 대답을 기업 소유권 및 주주 자본주의의 의미와 작동 원리에서부터 찾고자 한다.

소유분산 모기업과 완전 자회사라는 기업 소유구조하에서, 전문경영자는 주주의 이익 또는 기업 가치를 극대화하기보다 자신의 이익을 추구할 수 있다. 따라서 미국이나 영국에서는 사외이사와 같은 기업 내부 지배구조, 공시 조건, 자본시장에서 경영권에 대한 견제, 성과급 급여 등을 통해 전문경영인이 기업 가치를 극대화하도록 유인하고 있다. 그러나 기업의 소유구조가 이와 상이한 한국이나 일본의 경우에는 미국식 기업 지배구조의 도입만으로는 경영자의 기업 가치 극대화 노력을 이끌어 낼 수 없다. 따라서 미국과 기업 소유구조가 다른 나라에서 기업 밸류업 프로그램은 기업의 소유구조 개선과 이에 상응하는 기업 지배구조의 설계를 통해 경영자의 사익 추구를 방지하는 정책이라고 할 수 있다. 이 책에서는 기업 소유구조와 기업 지배구조를 포괄해 지칭하는 개념으로 '기업 소유지배구조'라는 용어를 사용한다.

이 책의 구성은 다음과 같다. 제1장에서는 기업 밸류업 프로그램의 의의와 전반적인 이해에 도움이 되는 배경 지식들을 간략하게 소개한다. 제2장에서는 기업 밸류업 프로그램이 필요한 이론적 근거를 살펴보는데, 주주 자본주의의 의미와 주주 자본주의 체제에서 도입된 기업 지배구조가 작동되기 위한 기업 소유구조를 논의한다. 이를 통해 일본이나 한국의 기업 소유구조에서는 미국식 주주 자본주의와 기업 지배구조가 작동되기 어렵다는 점과 바로 이런 이유로 일본에서 기업

6

밸류업 프로그램이 시작되었음을 이해한다.

　제3장에서는 한국 사례와 현황을 보다 자세히 살펴본다. 먼저, 지배주주가 존재하고 이런 지배주주가 소수 기업에 충분한 지분을 확보한 후에 계열기업들 간의 주식 보유로 전체 기업집단을 사실상 좌지우지하는 한국의 재벌이라는 소유지배구조를 분석한다. 이런 재벌 소유지배구조에서는 개별 기업 주주의 이익을 극대화하는 주주 자본주의가 적용되기 어렵고, 오히려 지배주주인 총수와 그 일가의 사익 추구가 만연하게 된다. 따라서 주식시장에서 가치가 저평가된 기업이 나타나는 이른바 코리아 디스카운트가 발생하고, 기업 밸류업 프로그램과 같은 정부 정책이 필요하게 된다. 한편 민영화된 소유분산 기업의 경우에는, 정부나 집권세력이 '그림자 주인'이 되어 사익편취를 할 수도 있음을 살펴본다.

　제4장에서는 제2차 세계대전 이후 일본의 기업 소유구조 변천과 일본에서 기업 밸류업 프로그램이 도입된 배경을 살펴본다. 2023년 도쿄증권거래소가 발표한 기업 밸류업 프로그램은 2014년 이후 지속된 기업 소유지배구조 개혁의 연장선상에서 이뤄진 조치이다. 일본은 2014년 스튜어드십 코드와 2015년 기업 지배구조 코드를 도입했는데, 경영참호화를 위한 상호출자와 기업 인수 방어 장치를 해소하려는 목적을 가지고 있다. 이와 관련된 조항은 다른 나라 기업 지배구조 코드에서 찾아보기 어려운 일본의 독특한 조항으로 평가되는데, 상호출자라는 일본 기업의 독특한 소유구조하에서 경영자가 개별 기업 수준에서 주주의 이익을 극대화하기보다는 경영참호화를 통해 자신의 사익을 추구할 수 있다는 우려를 반영한 것이다.

제5장에서는 2024년 상반기에 주로 도입된 한국의 기업 밸류업 프로그램을 살펴본다. 한국과 일본의 기업 밸류업 프로그램 비교를 통해, 왜 한국의 기업 밸류업 프로그램이 시장에서 높은 평가를 받지 못하고 있는지를 논의한다. 제6장에서는 성공적인 기업 밸류업 정책을 위해서 한국 정부가 무엇을 해야 할지를 주로 논의한다. 기업 밸류업 정책은 기업 소유지배구조 개혁을 통한 코리아 디스카운트 해소뿐 아니라, 궁극적으로 산업 내 진화와 산업 간 진화를 촉진해 한국 경제의 지속 가능한 성장을 유도할 수 있어야 함을 강조한다.

　부록에서는 바람직한 기업 밸류업 프로그램이 도입될 경우에 한국 증권시장에서 개인투자자들이 어떤 투자 전략을 세울 수 있을지를 살펴본다. 개인투자자는 주식시장에서 시장수익률을 하회하는 투자성과를 거두는 것으로 나타나는데, 개인투자자는 분산 투자 수준이 낮고, 과도하게 자주 거래하며, 때로는 매우 투기적인 행태를 보이기 때문이다. 기업 밸류업 프로그램은 한국 주식시장의 정상화 과정이기도 하다. 따라서 기업 밸류업 프로그램 단계에 따라 최적의 투자 전략도 변화되어야 한다. 이를 위해서 바람직한 기업 밸류업 프로그램 도입을 3단계로 나누어 파악하고, 이들 각 단계마다 바람직한 투자 전략이 무엇인지 살펴본다.

　사실 기업 밸류업이 실현된다는 것은 주식시장뿐 아니라 우리나라 경제 및 사회 구조에 전반적인 변화가 일어남을 의미한다. 기업 경쟁력의 원천이 단가 후려치기와 기술 탈취가 아니라 인적자본과 기술력이 되고, 새로운 혁신에 성공하는 기업만이 살아남게 된다. 노동개혁과 복지정책의 전환이 같이 맞물리면 투기적 주식 단타가 아닌 노동소득과 연금에 시민들이 희망을 걸게 된다. 노동시장에 일찍 진입하고, 여러 직장을 옮겨 가든 한 직장에서 근속하든 정년까지 일할 수 있으며, 정년 이후에는 연금 생활이 가능한 사회가 될 수 있다. 이처럼 경제적 생애주기에 대한 합리적 예상이 가능해지므로, 노년에는 노인 빈곤이 아니라 연금과 장기 주식 투자수익에 기내어 편안한 생활을 영위할 수 있을 것이다.

이 책은 많은 분의 도움으로 완성되었다. 책의 기획과 원고 교정을 맡아 주신 세창미디어의 김명희 편집이사님과 정우경 대리님, 자료 정리에 도움을 준 김주현 박사, 그리고 서울대학교 행정대학원 박사 과정 최현태 씨와 이시은 씨에게 감사를 드린다. 집필 중에 불만 없이 묵묵히 내조해 준 아내 황보경에게도 사랑과 감사의 말을 전한다.

2024년 12월

관악에서 박 상 인

차 례

제1장

왜 밸류업인가

1. 밸류업이란 무엇인가

증권거래소나 정부가 저평가된 기업의 주가를 끌어올리도록 유인하거나 강제하는 정책을 기업 밸류업 프로그램 또는 정책이라고 정의할 수 있다.

   '밸류업value-up'이라는 말은 학술 용어라기보다 시사 용어다. 그것도 매우 최근에 사용되기 시작한 용어이다. 2023년 3월에 도쿄증권거래소Tokyo Stock Exchange, TSE는 글로벌 투자자들의 진입을 유도하고 자본시장을 활성화하기 위해, PBRPrice Book Value Ratio(주당 순자산가치)이 1배 미만인 상장기업들을 대상으로 자본수익성과 성장성을 높이도록 '자본비용과 주가를 의식한 경영'의 실천 방침과 구체적인 이행 목표를 매년 공개하기를 요구했는데, 이를 일본에서 '기업 밸류업 프로그램'이라고 부르기 시작한 것이다.

도쿄증권거래소가 일부 상장기업에 일본 기업 밸류업 프로그램을 요구한 이후에 2024년 1월 28일까지 닛케이 지수Nikkei Index와 토픽스TOPIX는 각각 24.8%, 22.5% 상승했는데, 이는 미국 나스닥 시장의 상승률 28.2%를 제외하면 선진국 중 가장 높은 상승률이었다. 나아가 2024년 2월 22일에는 일본 닛케이 지수가 사상 처음으로 39,098엔 포인트를 기록하면서, 종전 최고치였던 1989년 12월 29일 38,915엔 포인트를 경신했다.

이에 자극을 받은 한국 금융위원회는 2024년 1월 17일 기업 밸류업 프로그램을 도입해 상장기업의 기업 가치를 제고하겠다고 밝혔는데, 이를 계기로 '밸류업'이란 용어가 언론과 국내 주식투자자들 사이에서 통용되기 시작한 것이다. PBR이 1배보다 낮다는 것은 그 기업의 시장 가치가 장부가액 또는 자본비용보다 낮다는 것으로, 즉 주가가 저평가되었다는 의미로 해석된다.[1] 따라서 저평가된 기업의 주가를 끌어올리도록 유인하거나 강제하는 정책을 기업 밸류업 프로그램 또는 정책이라고 정의할 수 있다.

주주 자본주의와
기업 밸류업

그렇다면 여기서 드는 의문은 증권거래소나 정부가 주도하는 기업

---

[1] 또 다른 해석은 청산가치가 더 높은 기업이 상장 상태를 유지하고 있는 비합리적 상황이라는 것이다.

밸류업 프로그램이나 정책이 필요한 이유가 무엇일까라는 것이다. 다시 말하자면, 왜 주식시장에서 가치가 저평가된 기업이 스스로 기업 가치 제고를 위해 충분히 노력하지 않을까라는 점이다. 또 자본시장이 발달된 미국, 영국, 서유럽 국가들에서는 기업 밸류업 프로그램이 명시적으로 시행된 적이 있는가라는 의문도 들 수 있다.

사실 주주 자본주의shareholder capitalism가 잘 작동되는 경우에는, 기업 밸류업 프로그램을 증권거래소나 정부가 주도적으로 도입할 필요가 없다. 주주 자본주의는 문자 그대로 기업 경영의 목적이 주주의 이익을 극대화하는 것이고, 따라서 기업 경영자는 기업 가치 또는 기업의 주가를 제고하기 위해 최선의 노력을 기울임을 전제로 한다. 즉, 이상적인 상태의 주주 자본주의에서는 경영자의 사익 추구가 주주의 이익 극대화와 상충되지 않고, 시장에서 기업 가치평가valuation가 제대로 되지 않았다고 판단될 경우에 경영자는 적정 기업 가치에 대한 시그널을 보내는 등의 적극적 활동을 하게 된다.

그런데 주주 자본주의가 가장 잘 발달된 나라로 꼽히는 미국에서도 주주 자본주의가 항상 이상적으로 작동하는 것은 아니며, 경영자들이 자발적으로 주주의 이익 또는 기업 가치를 제고하기 위해 최선의 노력을 경주하는 것도 아니다. 따라서 경영자의 사익편취를 방지하고 경영자의 이익이 주주의 이익과 일치하도록 유인하는 여러 가지 장치가 마련되어 있다. 이런 유인기제를 기업 지배구조corporate governance라고 부르는데, 기업 지배구조는 기업 내부의 지배구조 외에도 기업 외부인 자본시장에서의 규제나 적대적 M&A 시도도 포괄한다.

비상장회사의 주주 간
사적 계약

이런 명시적인 기업 지배구조는 상장기업의 경우에 필요한 것이다. 상장기업은 대부분의 주주가 소액을 투자하는 소수주주minority shareholder 또는 일반주주로 구성되어 있고, 따라서 경영자와 주주 사이에 또는 경영권을 사실상 장악한 지배주주와 소수주주 사이에 이해상충이 발생하기 십상이기 때문이다. 따라서 기업 지배구조는 주주의 이익을 비례적으로 보장하기 위해서 필요한 유인체계라고 할 수 있다.

비상장회사의 경우에는 주주 또는 투자자가 소수이고, 따라서 명시적 기업 지배구조 없이도 소수의 주주 또는 투자자 간 또는 이들과 경영자 간 사적 계약을 통해 이러한 유인체계가 매우 유연한 형태로 설계될 수 있다. 예를 들어, 일본의 라인야후를 지배하는 A홀딩스는 비상장회사로서, 한국의 네이버와 일본의 소프트뱅크가 50 대 50의 지분을 가진 이 회사의 주주들이다. 즉, 라인야후라는 비상장회사의 주주는 2개의 법인뿐이다.

그런데 A홀딩스의 이사는 총 5명인데, 이 중 3명이 소프트뱅크 측 인사이기 때문에 라인야후의 경영권이 소프트뱅크에 있다거나, A홀딩스 주식을 한 주라도 더 소프트뱅크가 확보하면 네이버가 라인야후의 경영권을 빼앗긴다는 등의 주장도 있었다. 그러나 이런 주장은 비상장회사를 상장기업처럼 생각해서 생긴 오류이다. 미야카와 준이치 소프트뱅크 최고경영자CEO가 2024년 5월 9일 결산설명회에서 소프트뱅크가 지분을 추가 매입할 경우의 장점에 대해 "100%를 사면 여러 가지 자유로운 선택이 가능하지만 51 대 49 정도라면 크게 달라지지는 않을 것"이라고 밝혔는데, 이는 네이버와 소프트뱅크의 사적 계약에 의해 경영권 행사와 전략적 의사 결정 등에 관한 세부 사항들이 사전에 정해져 있기 때문이다. 즉, 비상장회사에서 주주 특히 소수주주의 권익은 사적 계약으로 보장되는데, 만약에 이런 장치가 없이 지분 다수결로 의사 결정이 이뤄지는 경우라면 소수주주가 지분에 투자하려 하지 않을 것이다.

비상장회사에서는 소수 지분을 가진 경영자에 대한 경영권 보호도 사적 계약을 통해 가능하다. 최근에 불거진 민희진 어도어(Ador) 대표와 어도어의 지분 80%를 가진 대주주 하이브 간의 경영권 분쟁에서 드러났듯이, 하이브와 민 대표가 맺은 '주주 간 계약'에 따라 하이브는 민 대표에게 해임이나 사임 사유가 없는 한 민 대표가 2021년 11월 2일부터 5년간 대표이사직을 유지할 수 있도록 필요한 조치를 취해야 한다. 그러나 민 대표가 배임 행위를 했다고 주장한 하이브는 주주총회를 소집해 민 대표를 해임하려고 시도했고, 이에 맞선 민 대표는 하이브를 상대로 의결권 행사 금지 가처분 신청을 법원에 제출했다. 결국 서울중앙지법 민사합의50부(재판장 김상훈)는 "현재까지 제출된 주장과 자료만으로는 하이브가 주장하는 (민 대표) 해임 사유나 사임 사유가 충분히 소명되지 않았다고 판단한다"라며 의결권 행사 금지 가처분 신청을 인용했고, 하이브는 어도어 임시 주주총회에서 민 대표 해임안을 의결할 수 없게 되면서 민 대표는 어도어 대표직을 유지했다.[2]

2   그러나 2024년 8월 27일 하이브 측이 장악한 어도어 이사회는 민 대표를 대표이사에서 해

상장기업에서 기업 지배구조 및
주주와 경영자 사이 계약

그러나 비상장회사와는 달리 대다수의 소수주주가 존재하는 상장기업에서 이와 같은 주주 간 계약을 맺는 것은 사실상 불가능하다고 볼 수 있다. 또한 경영자의 경영 관련 활동을 주주가 충분히 감독할 수 있다는 것도 비현실적이다. 따라서 상장회사에 대해서는 기업 지배구조라는 명시적인 제도가 반드시 필요한 것이다. 이에 더해, 주주와 경영자 사이 급여에 관한 계약 등을 통해 주주의 권익과 기업 가치를 제고하기도 한다.

기업 내부의 기업 지배구조 제도로 대표적인 것이 주주를 대신해 경영자를 감독할 사외이사의 선출이다. 또 사외이사의 배임 또는 경영자의 일탈에 대해서 직접적으로 주주들이 소송을 제기할 수 있는 주주대표소송도 이런 기업 지배구조의 일부이다. 이에 더해, 기업 가치를 제고하도록 경영자를 유인하기 위해서 성과급 급여 계약을 맺기도 한다. 기업 외부 즉 자본시장에서도 경영자가 기업 가치 제고를 위해 충분히 노력하지 않고 있다거나 경영자 교체로 기업 가치를 더 제고할 수 있다고 판단되면 적대적 M&A 시도가 일어나기도 한다. 상장회사의 정보 비대칭성을 완화하기 위해서, 증권거래소가 상장이나 상

임했고. 민 전 대표는 하이브를 상대로 재선임 가처분 신청을 냈다. 법원은 어도어 이사들이 하이브 지시를 따를 의무가 없다고 판시하면서 가처분 신청을 받아들이지 않았다. 이에 대해 민 전 대표 측은 "하이브와 하이브가 선임한 어도어 이사들이 주주 간 계약을 위반하여 민희진 전 대표를 어도어 대표이사로 재선임하지 않을 경우. 민희진 전 대표는 하이브의 주주 간 계약 위반에 따른 민희진 전 대표의 권리를 행사할지 여부를 적극적으로 검토할 것"이라고 밝혔다.

장 유지를 위한 조건으로 기업의 재무 및 소유지배구조에 대한 정보를 공시하도록 요구하는 것도 광의의 기업 지배구조의 일부이다.

한편 미국이나 영국의 경우에 정부나 증권거래소가 기업 밸류업 프로그램이라고 특별히 이름 붙여 추진한 정책은 사실상 없다. 소유분산 모기업과 완전 자회사라는 소유구조ownership structure를 지닌 미국이나 영국의 경우에는 경영자 급여에 대한 계약 외에도 기업 내부 지배구조, 공시 조건, 자본시장에서 경영권에 대한 견제 등으로 상장기업의 밸류업이 달성되고 있다.

2. 밸류업이 한국에 필요할까

PBR이 1배 미만인 기업들뿐만 아니라, 한국 상장기업을 통틀어 전반적인 가치평가 수준이 상대적으로 낮게 형성된 코리아 디스카운트가 실재한다.

그렇다면 일본은 왜 이런 기업 밸류업 프로그램을 추진했는가, 또 어떻게 기업 가치를 제고하는 성과를 낼 수 있었는가 하는 의문이 남는다. 또한 우리나라도 일본처럼 기업 가치 제고를 위해 정부나 증권거래소의 개입이 필요한지, 일본식 기업 밸류업 프로그램을 통해 기업 가치가 제고될 수 있을지 궁금해진다. 이 절에서는 우선 우리도 일본처럼 PBR이 1배 미만인 상장기업들이 다수 존재하는지, 또 기업 가치의 저하가 일부 기업에 국한된 문제가 아니라 한국 주식시장 전반에서 발생하는 문제인지를 살펴보기로 한다.

2024년 1월 26일 종가를 기준으로, 코스피·코스닥 상장회사의 57.68%에 해당하는 1,104개 기업의 PBR이 1배 미만이었다. 또한 코스피 상장기업들의 평균 PBR은 0.9배로, 미국 상장주 평균인 4.6배와 비교해 크게 뒤처지고, 기업 밸류업 프로그램을 시작한 시기의 일본 닛케이255 지수 1.4배보다도 낮은 수준이었다(김동하, 2024). 2012년부터 2021년까지 10년 동안을 보더라도, 국내 상장기업의 PBR은 선진국의 52% 그리고 신흥국의 58% 수준에 불과했다(김준석·강소현, 2023).

앞서 설명했듯이, 특정 기업의 PBR이 1배 미만이라는 것은 시가총액이 자산에서 부채를 제외한 순자산가치보다 낮다는 의미이므로, 기업 가치가 저평가된 상태임을 뜻한다. 그러나 특정 기업의 PBR이 1배보다 높을 때, 적정한 수준이 무엇인지 또는 적정한 수준보다 높거나 낮은지를 판단하는 것은 단순한 작업이 아니다. 그럼에도 불구하고, 한국 상장기업 주식의 가치가 유사한 외국 상장기업에 비해 낮게 평가되고 있다는 '코리아 디스카운트Korea discount'가 상식처럼 회자되고 있을 뿐 아니라 기존 연구에서도 확인되고 있는 실정이다.

코리아 디스카운트에 대한 증거

코리아 디스카운트에 대한 최근의 실증 연구로, 2023년 자본시장연구원의 「코리아 디스카운트 원인 분석」 보고서를 들 수 있다(김준석·강소현, 2023). 이 보고서는 45개국 32,428개 상장기업의 2005~2021년 자료를 이용해 다양한 분석을 제시하고 있다. 먼저 2012년부터 2021년까지 10년 동안을 비교해 볼 때 한국의 PBR은 평균 1.2로, 선진국 2.2, 신흥국 2.0, 아시아태평양 1.7 등에 비해 상당히 낮다. 특히 선진국과의 격차는 글로벌 금융위기 이후 확대되고 있다. 둘째, 부문별로 나눠서 살펴봐도 의료와 부동산 부문을 제외한 모든 부문에서 한국의 PBR이 비교집단에 비해 낮은 것으로 나타난다. 특히 선진국과 비교할 때 가장 격차가 큰 부문은 공공 유틸리티public utility 부문으로, 선진국의 25% 수준에 불과하다. 기술, 산업재, 경기소비재consumer discretionary, 금융 부문 등도 40~50% 수준이다. PERPrice to Earning Ratio(주가-수익 비율)을 기준으로 비교하더라도 결과는 대체로 유사하다.

물론 앞서 언급했듯 특정 기업의 PBR이 1배보다 높을 때, 적정한 수준이 무엇인지 또는 적정한 수준보다 높거나 낮은지를 판단하는 것은 단순하지 않다. 따라서 단순 평균 비교보다, PBR에 영향을 미치는 요인들을 통제한 회귀분석을 실시할 필요가 있다. 자본시장연구원 보고서는 경제발전 수준을 나타내는 1인당 국민소득과 경제성장 전망의 대리변수로 GDP 성장률을 통제한 회귀분석에서도 한국의 PBR 수준이 0.8738% 포인트 더 낮고 또 통계적으로 유의함을 보여 준다. 한국의 PBR은 평균 1.2로, 선진국 2.2, 신흥국 2.0, 아시아태평양 1.7 등을 고려하면 경제발전 수준이나 경제성장률을 감안하더라도 여전히 상당한 수준의 코리아 디스카운트가 존재함을 알 수 있다.

경제발전 수준이나 경제성장률에 더해, 재무비율 및 수익률 변동성 변수를 추가로 통제한 회귀분석에서도 코리아 디스카운트는 여전히 통계적으로 유의한 것으로 밝혀졌다. 즉, 재무적 특성의 영향을 통제하더라도 여전히 -0.3374% 포인트의 코리아 디스카운트가 존재하는

데, 이는 재무적 특성 외에도 추가적인 디스카운트 요인이 있음을 의미한다. 또 코리아 디스카운트의 약 60%는 재무적 특성의 영향이라는 의미로 해석될 수도 있다. 이 추가적인 코리아 디스카운트 요인은, 다음 절에서 살펴보듯이 기업 소유지배구조임을 알 수 있는데, 재무적 변수 역시 이런 기업 소유지배구조의 영향으로 더 취약하다고 생각할 수 있다.

자본시장연구소의 2023년 보고서 이전에도 코리아 디스카운트의 존재에 대한 실증 연구들이 있었다. 예를 들어, Ducret and Isakov(2020)는 28개국 25,863개 상장기업의 2002~2016년 자료를 바탕으로 코리아 디스카운트의 존재 여부와 특성을 분석한 바 있다. 이 논문에서도 코리아 디스카운트는 국가 단위, 업종 단위, 개별기업 단위 분석 모두에서 일관되게 관찰되며, 기업 지배구조, 금융시장 발전 수준, 거시경제 여건의 영향을 통제하더라도 여전히 통계적으로 유의했다. 그런데 이 분석에 기업 지배구조 변수가 포함되어 있으나, 다음 절에서 살펴보듯이, 어떤 지표를 사용하는지에 따라서 다른 결과를 낳게 됨을 유의할 필요가 있다. 한편 코리아 디스카운트는 재벌 기업보다는 비재벌 기업에서 크게 나타나는데, Ducret and Isakov(2020)는 비재벌 기업의 낮은 국제적 주목성과 재벌 기업의 시장지배력에 따른 비재벌 기업의 경쟁력 약화와 연관된 것으로 추정하고 있다. 그런데 또 다른 가능한 해석은 실제로 비재벌 기업들의 기업 지배구조가 더 열악한 사실을 반영했을 수 있다는 것이다. 이에 대해서는 제3장에서 상세히 살펴보기로 한다.

코리아 디스카운트를 확인하기 위해서, GDP 대비 시가총액 비율

Market Capitalization to GDP의 국제 비교를 사용하는 경우도 있다. GDP 대비 시가총액 비율은 버핏 지수Buffett Indicator라고도 부르는데, 미국 버크셔 해서웨이의 최대주주이자 가치투자의 대명사로 알려진 워런 버핏이 2001년 미국 경제 전문지 『포춘』과의 인터뷰에서 이 지수가 주식시장의 가치평가valuation를 판단하는 가장 훌륭한 방식이라고 언급하면서 널리 이용되기 시작했다. 한국의 버핏 지수는 2024년 6월 30일 기준으로 103.98%인데 반해, 2024년 7월 2일 기준으로 미국은 193% 그리고 2024년 7월 1일 기준으로 일본은 171.34%에 달한다.

그런데 한 가지 주의할 점은 버핏 지수가 이용되는 이유가 국가 간 비교보다는 주식시장의 과열 내지 저평가 여부를 판단하기 위함이라는 것이다. 주식시장 가치평가 역사를 기초로 해서 버핏 지수는 5개 구간으로 나눠지는데, 버핏 지수가 83% 이하면 주가가 매우 저평가, 83% 초과 106% 이하면 다소 저평가, 106% 초과 130% 이하면 적정 평가, 130% 초과 154% 이하면 다소 고평가, 154% 초과면 매우 고평가된 것으로 해석한다. 따라서 버핏 지수에 따르면 한국 주식시장은 다소 저평가된 수준이라고 할 수 있고, 미국이나 일본은 매우 고평가되었다고 유추할 수도 있다. 그런데 버핏 지수는 현재의 시가총액을 이전 연도의 GDP와 비교한다는 점과, 시가총액을 구성하는 기업들은 국외에서도 영업하지만 GDP는 해외 매출을 제외한다는 점 등의 한계를 지니고 있다. 한편 버핏 지수에 따르면 일본 자본시장이 매우 고평가되었음에도 불구하고, 버크셔 해서웨이가 일본 기업들의 주식을 다량 매입하는 자가당착적 행동을 했다는 비판도 있다.

코리아 디스카운트가
왜 문제인가

혹자는 코리아 디스카운트가 존재해 주가가 낮아진 상태에서 주식 투자자들이 주식을 매입한 것이기 때문에 코리아 디스카운트가 주식 투자자에게 해악을 야기하는 것은 아니라고 주장하기도 한다. 그런데 코리아 디스카운트는 한 시점에서 주가를 낮추는 부작용만 있는 것이 아니라, 주가 상승률 자체를 억압하기 때문에 한국 주식시장의 매력도와 주식 수익률을 떨어뜨리고 있다.

2007년 7월 24일에 코스피가 2000을 돌파했는데, 2020~2021년 코로나19 시대를 제외하면 그로부터 18년이 지난 2025년 현재에도 여전히 코스피 지수는 2000대에 머물고 있다. 〈그림 1〉은 2009년 1월 시작일 종가를 100으로 환산했을 때 각 월 시작일 종가를 2023년 12월까지

〈그림 1〉 코스피, 토픽스, 다우존스 지수의 표준화된 추이(2009. 1.~2023. 12.)

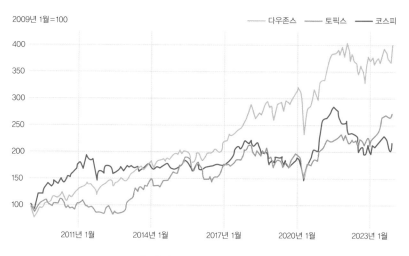

자료 출처: 토픽스 지수는 Stooq, 코스피와 다우존스 지수는 야후 파이낸스

계산한 그림이다. 2017년 11월 시작일 종가 기준으로 2063.14를 찍은 코스피 지수는 글로벌 금융위기로 2018년 12월 시작일 종가 기준으로 1058.62까지 떨어졌다가 2019년 1월 시작일 종가부터 반등하기 시작했다. 그런데 글로벌 금융위기로 증시가 큰 폭으로 하락한 것은 우리만의 일은 아니었다. 따라서 국제 비교를 위해서 글로벌 금융위기의 영향에서 벗어나기 시작한 2009년 1월부터 2023년 12월까지 기간 동안의 수익률 변동을 살펴볼 필요가 있다. 〈그림 1〉에서 볼 수 있듯이, 이 기간 동안 코스피의 연평균 증가율은 5.26%에 그쳤으나, 미국의 다우존스 지수는 연평균 9.7%씩 증가했다. 또한 오랜 침체기를 겪었던 일본 증시도 2013년부터 반등하기 시작해 토픽스 지수가 이 기간 동안에 6.9% 증가했음을 알 수 있다.

이런 저조한 한국 주식 수익률은 최근 국내 주식투자자들이 한국 시장을 버리고 외국 시장 특히 미국 주식시장으로 투자처를 옮겨 가도록 만들고 있다. 한국거래소에 따르면, 외국인 투자자는 2024년 상반기 유가증권시장에서 22조 7,981억 원어치를 순매수했다. 그러나 코스피 지수는 동 기간 고작 5.37% 오르는 데 그쳤다. 기관과 개인이 외국인과 반대로 사상 최대 규모로 국내 주식을 매도한 결과이다. 기관과 개인은 2024년 상반기에 각각 18조 1,364억 원, 4조 5,150억 원어치를 순매도했다. 이에 반해, 동일 기간 동안에 대만 자취안 지수는 28.45% 급등했고, 일본 닛케이255 지수도 18.28% 상승했다.

국내 주식을 팔아 치운 개인투자자들은 대부분 미국 증시로 떠나고 있다. 한국예탁결제원에 따르면, 2024년 6월 19일 기준 국내 개인투자자의 미국 주식 보관 금액은 861억 500만 달러(약 119조 6,860억 원)

로, 해외주식 보관액의 90%를 차지하고 있다. 이는 2011년 관련 통계 집계 이래 최대치로, 코로나19 사태가 발생하기 전인 2019년 말 84억 1,565만 달러와 비교하면 4년 반 만에 10배 넘게 늘어난 것이다. 여기에 국내 최대 기관투자자인 국민연금도 국내 투자 비율을 줄이고 해외 투자를 늘리고 있다. 국민연금기금운용위원회는 2024년 5월 31일 국내 주식 목표 비율을 당해 15.4%에서 이듬해 14.5%로 낮추기로 했다. 국내 증시에 대한 뿌리 깊은 불신과 오랜 박스권에 대한 피로가 '셀 코리아Sell Korea'로 이어진 셈이다. 코리아 디스카운트는 국내 주식 시장을 고사시키고 있는 것이다.

코리아 디스카운트의 원인

코리아 디스카운트의 원인은 무엇인가? 거의 모든 전문가들은 그 답을 이미 알고 있다.

그렇다면 코리아 디스카운트의 원인은 무엇인가? 이는 아마 '우문' 일 듯하다. 거의 모든 전문가들이 그 답을 이미 알고 있기 때문이다. 『한경비즈니스』가 2024년 6월 24일과 25일 양일간 국내 증권사의 리서치센터장 20인과 자산운용사 펀드매니저 30인에게 '코스피 4000 시대를 위해 한국 자본시장이 나아가야 할 길'에 대한 설문조사를 실시했는데, 50인의 전문가들은 '자본시장의 성장을 막는 가장 큰 걸림돌은 무엇이라고 생각하느냐'는 질문에 '기업의 거버넌스(34%)'를 가장 많이 꼽았다. 재벌 총수 중심적인 기업 소유지배구조와 정부가 사실상 좌우지하는 민영화된 소유분산 기업의 기업 소유지배구조가 투자자들의 자본시장 진입을 가로막고 있다는 의미다.

기업 지배구조가 한국 기업의 주가 저평가와 자본시장 성장 억압의 원인이라는 말은 현재의 기업 지배구조가 한국 상황에서 제대로 작동하고 있지 않다는 의미이다. 기업 지배구조는 상장회사에서 경영자의 사익편취를 방지하고 경영자의 이익이 주주의 이익과 일치하도록 유인하는 제도적 장치이다. 1절에서 설명했듯이, 기업 지배구조는 기업 내부의 지배구조 외에도 기업 외부인 자본시장에서의 공시 등의 규제나 적대적 M&A 시도도 포괄한다. 기업 내부의 기업 지배구조로는 대표적으로 사외이사 제도와 주주대표소송을 들 수 있다.

사실 형식적인 측면에서 볼 때, 사외이사 제도, 주주대표소송, 공시 제도 등의 기업 지배구조는 1997년 경제위기 이후에 일본보다 더 빨리 우리나라에 도입되었다. 기업 지배구조와 관련된 법제도에 대한 평가로, 세계은행World Bank이 발표하는 「Doing Business」의 소액주주 보호Protecting Minority Investors 항목을 꼽을 수 있다. 이 항목은 공시 의무, 이사회 의무, 주주소송 용이성, 주주 권리, 소유 및 지배구조, 기업 투명성 등 6가지 주제와 관련된 38개 사안에 대해 법률상 규정의 존재 여부와 규제의 강도를 토대로 평가한다. 자본시장연구원 2023년 보고서에 따르면, 2014~2017년 기간 동안 「Doing Business」 평가에서 한국은 190개국 중 17~23위로 상위권에 위치했다.

이에 반해, 기업 지배구조가 실질적으로 작동하고 있는지에 대한 주관적 평가에서는 하위권에 속한다. WEFWorld Economic Forum가 발표하는 GCIGlobal Competitiveness Index는 기업 지배구조와 관련해 소액주주 보호, 이사회의 유효성, 기업의 윤리적 행동 등 세 가지 항목을 경영자 설문조사Executive Opinion Survey를 통해 평가한다. 그런데 동일한 2014~2017년 기간 동안 이 주관적 GCI 평가에서 한국은 140개국 중 100~116위로 하위권에 속하는 것으로 나타났다. 한국은 기업 지배구조와 관련된 형식적인 법제도는 잘 갖춰져 있으나, 법제도의 실효성은 떨어진다고 해석할 수 있다.

그렇다면, 이런 기업 지배구조 제도가 한국에서 오작동하고 있는 이유는 무엇일까? 한마디로 이야기하자면, 한국 기업의 소유구조ownership structure가 미국 기업과 다르기 때문이다. 세계은행 「Doing Business」의 소액주주 보호 평가는 '소유분산 모기업-완전(100%) 자회사'라는 미국식 소유구조하에서 기업 지배구조라는 제도가 잘 구비되었는가에 대한 평가라고 할 수 있다. '소유분산 모기업-완전 자회사'라는 기업 소유구조하에서는 사실상 경영권을 좌지우지하는 대주주가 없고, 따라서 소수주주의 이익과 어긋나는 전문경영자의 사익편취 유인을 방지하기 위해 기업 지배구조 제도가 마련된 것이다. 경영권을 좌지우지하는 대주주가 없을 경우에는 주주총회에서 소수주주의 이익을 대변할 사외이사가 선임될 수 있고, 또 경영자에 대한 시장 감시를 용이하게 하는 공시제도와 주주들이 직접적으로 경영자와 사외이사에게 책임을 물을 수 있는 주주대표소송도 잘 작동할 수 있다.

우리의 경우 1997년 경제위기 이후에 이런 미국식 기업 지배구조 제도가 도입되었고, 따라서 제도라는 형식적 수단은 비교적 잘 갖춰졌다고 세계은행에서 평가하고 있는 것이다. 그러나 한국의 기업 소유구조는 미국과 전혀 다르다. 한국에서는 경영권을 사실상 좌지우지하는 대주주인 자연인이 존재한다. 대기업집단에서 이런 자연인을 흔히 '총수'라고 부르는데, 총수가 기업집단의 지배기업의 경영권을 장악하고, 이 지배기업이 100%에 훨씬 못 미치는 지분으로 다른 계열사들을 사실상 지배하는, 이른바 '재벌'이라는 기업 소유구조를 가지고 있다. 이런 재벌이라는 기업 소유구조에서는 전문경영인과 소수주주 사이가 아니라 재벌 총수와 소수주주 사이에 이해상충 문제가 발생한다. 그러나 이런 이해상충은 전문경영자-소수주주의 이해상충 해소에 초점을 둔 미국식 기업 지배구조 제도에서는 제대로 해소되지 못하는 것이다. 따라서 우리는 재벌 총수의 '황제경영'이 만연하고 재벌 총수일가의 사익편취가 심각한 현실에 직면하게 되었다. 제3장에서 민영화된 소유분산 기업의 기업 소유지배구조 문제와 함께, 재벌구조의 문제점을 보다 상세히 다루기로 한다.

코리아 디스카운트와
경영권 프리미엄

재벌 총수의 '황제경영'이 만연하고 총수일가의 사익편취가 심각하다는 증거 중 하나가 바로 이른바 '경영권 프리미엄'이다. 경영권 프리미엄은 주식의 시장 평가가치를 상회하는 회사 경영권을 장악한 지분의 할증액이라고 정의할 수 있다. 현재 한국 상속세 및 증여세법에서는 경영권 프리미엄에 대해 대상 자산 가치의 20%를 부과하고 있다.

그런데 경영권 프리미엄이라는 용어 자체가 매우 한국적이다. 경영권 프리미엄과 유사한 영어 표현으로 '컨트롤 프리미엄control premium'이 있다. 컨트롤 프리미엄은 기존 경영진보다 인수자가 경영을 더 잘해서 생길 수도 있고, 인수회사와 피인수회사 간 시너지 효과로 생길 수도 있다. 상장사의 경영권 지분을 인수하려면 소액주주 지분까지 똑같은 가격에 매수해야 하는 의무공개매수제도mandatory bid rule가 마련돼 있는 서유럽, 일본, 싱가폴 등 대부분의 선진국이나, 이 제도가 법에 명시돼 있지는 않지만 모든 주주를 똑같이 보호해야 하는 이사회의 신의 성실 의무 때문에 사실상 공개매수가 필수인 미국에서도 컨트롤 프리미엄은 존재할 수 있으며, 이 프리미엄은 기존 대주주뿐 아니라 전체 주주가 나눠 갖는다. 따라서 컨트롤 프리미엄은 국내에서 쓰이는 경영권 프리미엄과는 의미가 다르다.

2018년 KCGS(한국ESG기준원) 보고서에 따르면(임자영, 2018), 한국의 경영권 프리미엄 지급 규모는 평균 50% 내외에서 형성되어 있는데, 미국, 독일, 싱가폴에서 2005년부터 2015년까지 지급된 평균 컨트롤 프리미엄의 규모는 30% 내외였다. 따라서 국내 경영권 프리미엄의 상당 부분이 대주주의 사익편취 가능성으로 인해 발생하고 있음을 추측할 수 있다. 또한 국내에서 경영권 프리미엄이 지급된 거래 31건 중 인수 지분율이 50% 미만인 거래는 27건(87.1%)이고 50% 이상인 거래는 4건에 불과한 반면에, 미국, 독일, 싱가폴의 경영권 관련 지분 거래 중 50% 미만의 지분이 거래된 경우는 20% 이내로 매우 낮다. 이는 50% 미만의 지분으로도 사실상 지배가 가능한 한국의 기업 소유구조와 지배구조 관련 법규 때문이다. 이에 대해서도 제3장에서 상세히 다룬다.

그런데 정상적인 컨트롤 프리미엄을 초과하는 사익편취에 의한 경영권 프리미엄의 정도를 정확히 추정하는 것은 쉽지 않은 일이고, 또 컨트롤 프리미엄과 마찬가지로 사례에 따라 다 다를 수 있다. 그럼에도, 최근 불거진 SK그룹 최태원 회장의 이혼 소송에서 한국 재벌 총수가 누리는 사익편취의 규모와 경영권 프리미엄이 상상을 초월한다는 단서를 발견할 수 있다.

2024년 5월 30일에 최태원 SK그룹 회장이 노소영 아트센터 나비 관장에게 재산 분할로 1조 4,000억 원가량을 지급해야 한다는 이혼 소송 항소심 판결이 내려졌다. 최태원 회장의 재산을 재판부가 약 4조 원으로 평가했으므로, 분할재산 규모는 최 회장 재산의 약 35% 수준이다. 즉, 고 노태우 전 대통령의 비자금 300억 원과 영향력으로 SK그룹이 성장할 수 있었는데, 그 기여분을 35% 정도로 재판부가 판단한 것이다. 그런데 약 4조 원에 달하는 최 회장의 재산 중 SK그룹 지주사인 (주)SK 지분 17.73%, SK케미칼 3.21%, SK디스커버리 0.12% 등 최 회장이 보유한 그룹 상장 계열사 지분의 가치는 약 2조 1,000억 원가량이다. 즉, SK그룹의 지주회사인 (주)SK의 지분 17.73%로 최 회장이 사실상 SK그룹 전체를 지배하고 있는 셈이다. 그리고 2024년 5월 기준으로 최 회장 친족의 (주)SK 지분 6.72%, 자사주 25.32% 등을 포함해 동일인 측 합계 지분이 49.99%이다. 다시 말하자면 최 회장이 약 2조 원가량의 주식으로 국내 2위 재벌그룹을 사실상 지배하는 구조이다.

2조 원이라는 돈이 일반인에게는 상상할 수 없을 정도로 많은 돈이나, SK그룹을 사실상 지배하기에는 턱없이 적은 수준이기도 하다. 가상 화폐 '테라·루나' 폭락 사태의 핵심 인물인 권도형 테라폼랩스 대표가 미국 증권거래위원회SEC로부터 제기된 민사 소송에서 44억

7,000만 달러(약 6조 1,000억 원) 규모의 환수금 및 벌금 납부에 합의했다고 로이터 등 주요 외신들이 현지시각 2024년 6월 12일에 보도했다. 권 씨는 테라·루나 폭락 사태 이후 줄곧 도피 행각을 벌이다 2023년 3월 몬테네그로에서 여권 위조 혐의로 체포된 이후 계속 현지에서 구금돼 있다. 미국과 한국에서 모두 기소된 권 씨의 신병이 어디로 인도될지는 아직 결정되지 않은 상태에서, 권 씨가 미국 증권거래위원회와 환수금 및 벌금 납부에 합의한 것은 미국으로의 송환을 막기 위한 안간힘의 과정으로 이해할 수 있다. 그런데 이를 보면 권 씨가 가상 화폐를 이용해 벌어들인 금액이 최소 6조 원이 넘을 것이라고 쉽게 추측할 수 있고, 전 세계 부자들의 재산을 굳이 비교하지 않더라도 최 회장의 재산이 그렇게 많지 않음을 알게 된다.

그렇다면 최태원 회장이 우리 상속세 및 증여세법에서의 경영권 프리미엄 할증 20%를 더해서 (주)SK 지분을 매도하려고 할까? 만약 그 정도에 매도한다면 그 지분을 사려는 사람은 국내외를 막론하고 매우 많을 것이다. 경영권 프리미엄을 50%로 계산해도 3조 원 정도인데, SK그룹 전체를 사실상 지배하고 황제경영을 할 수 있는 금액으로는 상상할 수 없을 정도로 낮은 액수이다. 필자의 생각으로는 20조 원을 준다고 해도 최 회장은 (주)SK 지분을 매각하지 않을 것이다. 최 회장의 경우에는 (주)SK의 경영권 프리미엄을 1,000%라고 해도 과소평가되었다고 판단할 것 같다.

여론의 관심은 이 재산 분할 판결로 최 회장의 SK그룹 지배권이 흔들릴지에 쏠렸고, 경영권 분쟁 가능성에 (주)SK의 주가는 판결 당일과 이튿날에 걸쳐 20% 이상 폭등했다. 정상적이라면 경영권 분쟁 가능성은 기업에게 악재이기에 주가가 떨어져야 한다. 또 이 정도로 기업의 이미지를 실추시킨 사람은 해임해야 한다는 상식적 주장도 나올 만하지만 전혀 들리지 않는다. 책임지지 않고 전횡하는 황제경영이라는 말이 왜 나오는지 이해가 되는 대목이다.

코리아 디스카운트의 원인에 대한 실증 연구

한국의 작동되지 않는 기업 지배구조 제도가 코리아 디스카운트의 원인임은 실증 연구에서도 확인된다. 앞서 소개한 자본시장연구원 2023년 보고서는 코리아 디스카운트의 원인을 분석하기 위해서 세계은행의 「Doing Business」 지수, WEF의 GCI, 주주환원 변수, 회계투명성 변수, 기관투자자 등의 투자자 변수, 지정학적 위험 변수 등을 각각 추가한 회귀분석들을 시도했다. 그 결과, 정성적인 기업 지배구조 평가인 WEF의 GCI와 주주환원 변수만이 추가되었을 때 코리아 디스카운트의 통계적 유의성이 사라지는 것으로 나타났다. 즉, 코리아 디스카운트는 오작동하는 기업 지배구조에서 비롯되는 것이지, 형식적 기업 지배구조 제도나 회계투명성 또는 지정학적 요인이 그 원인이 아님을 의미한다. 또한 기관투자자 등도 코리아 디스카운트 해소에 도움이 되지 못하고 있는 실정과 주주환원 정책이 결국 총수일가의 사익편취를 제약한다는 점을 반영하고 있는데, 이에 대한 보다 상세한 논의는 제3장과 제5장에서 다룬다.

4. 바람직한 한국의 기업 밸류업 정책

재벌 기업에서 지배주주와 소수주주 그리고 민영화된 소유분산 기업에서 정부와 소수주주의 이해상충 문제를 해결하는 것이 기업 밸류업의 핵심이다.

그렇다면 국제 표준으로 간주되는 미국식 기업 지배구조 제도가 형식적으로 도입은 되어 있으나 실제로는 작동하지 않는 이유가 무엇일까? 이 이유를 분명히 이해해야만 실효성 있는 기업 밸류업 정책이 도입될 수 있다. 현재 우리나라 기업 지배구조 제도는 사실상 기업을 지배하는 대주주의 이익과 소수주주의 이익이 상충되는 문제를 제대로 해결하지 못하고 있다. 따라서 이 문제를 해결하는 것이 한국 기업 밸류업 정책의 핵심이 되어야 한다.

이 문제를 해결하기 위해서 세 가지 접근이 있을 수 있다. 먼저, 기업의 소유구조는 유지하면서 그 소유구조에 적합한 기업 지배구조를 고안하는 방법이다. 둘째, 현행 기업 지배구조가 잘 작동할 수 있도록 기업의 소유구조를 바꾸는 것이다. 마지막으로, 이 두 가지 방법의 조합을 찾는 것이다. 즉, 소유구조를 개선하고 그 소유구조에 적합한 기업 지배구조 장치를 추가하는 것이다.

일본의 기업 밸류업 프로그램은 국제 표준인 미국식 기업 지배구조를 도입하면서 기업 간 상호출자라는 일본식 기업 소유구조의 개선을 추구한 것이라고 평가할 수 있다. 이에 대한 보다 상세한 논의는 제4장에서 다룬다. 이에 반해, 이스라엘은 첫 번째 방법인 기업의 소유구조는 유지하면서 그 소유구조에 적합한 기업 지배구조를 고안하는 방법을 시도했다가 이해관계자들의 회의적인 반응으로 인해 세 번째 방법인 기업 소유구조 개혁과 보완적인 기업 지배구조 개선을 추구한 경우라고 할 수 있다. 따라서 바람직한 한국의 기업 밸류업 정책을 위해서 기업 소유구조가 우리와 유사했던 이스라엘 사례를 면밀히 참고할 필요가 있다.

이스라엘 사례[3]

이스라엘 정부는 1985년 7월 1일부터 1991년까지 경제안정화 프로그램(1985 Economic Stabilization Program)을 시행했는데, 이를 통해 정부가 소유한 기업들과 국유화된 은행들 대부분을 민간에 매각했다. 그러나

---

3   상세한 내용은 박상인(2021)을 참고하라.

이런 민영화 과정을 거치면서 금산복합 재벌이 등장했고, 소수의 가문이 대다수의 이스라엘 기업들을 지배하는 경제력 집중의 문제가 발생하게 되었다. 이와 더불어 경영능력이 검증되지 않은 2세로의 경영권 승계 및 내부거래를 통한 터널링tunneling이라는 총수일가의 지분과 의결권의 괴리로 인한 도덕적 해이 문제가 우려되기 시작했다. 이런 우려가 커지면서, 이스라엘 정부는 2010년 10월에 경쟁력강화위원회 Committee on Increasing Competitiveness in the Economy를 구성하여 본격적인 개혁에 나섰다.

경쟁력강화위원회는 우선적으로 현 상태의 기업 소유구조를 유지하면서 총수일가의 도덕적 해이 문제를 해결하기 위한 강력한 기업 지배구조 규제를 제안했다. 좀 더 구체적으로 살펴보면, 지배주주의 지분이 50% 이하인 기업을 '쐐기기업wedge company'으로 정의하고, 이 쐐기기업에서 지배주주가 실질적으로 행사하는 의결권을 제외한 나머지 주주들의 과반수 찬성을 획득해야 하는 이른바 '소수주주 동의제 Majority of Minority rule, MoM'를 시행한다는 것이었다.

그러나 공청회 등 이해당사자들과 전문가들의 의견을 청취하는 과정에서 쐐기기업에 대한 기업 지배구조 규제가 기관투자자들이나 기업 모두에 너무 많은 부담을 지우고 있다는 부정적 평가가 지배적이었고, 이런 규제가 실제로 실행 가능할지에 대한 회의가 확산되었다. 결국 2013년 12월 11일에 공표된 반경제력집중법(Law for the Promotion of Competition and Reduction of Economic Concentration, 5774-2013)은 기업 지배구조에 대한 규제는 상대적으로 완화하면서 소유구조 측면에서 더 강화된 규제를 담게 된다.

이스라엘 개혁의 성과

반경제력집중법의 소유구조에 대한 개혁에 상응한 기업 지배구조 개혁은 2011년에 회사법 개정(Amendment No. 16 to the Israeli Companies Law of 1999)을 통해 이뤄졌는데, 핵심 내용은 우리나라의 내부거래에 해당되는 이해관계자거래related-party transactions에 대해 MoM을 적용하는 것이다. 보다 구체적으로 살펴보면, 이스라엘 회사법은 상장기업이 기업 총수controller와의 주요 거래, 총수와의 개인적 이해가 걸린 주요 거래, 총수나 총수일가와의 회사의 경영 서비스나 고용에 관한 거래에 대해서 주총에서 소수주주 동의제를 통해 소수주주 과반의 허가를 받도록 의무화했다. 동 법은 이와 같은 규제 대상인 총수를 25% 이상의 주식을 보유하거나 '기업의 행위를 지시할 수 있는 능력'을 지닌 주주라고 정의하고 있는데, 이에 대한 구체적 적용은 궁극적으로 법원에서 소송을 통해 결정된다. 따라서 이스라엘 회사법에서 총수에 대한 정의는 이른바 '개방적 기준open-ended standard'을 채택하고 있고, 결국 이런 개방적 기준은 효과적인 사법 절차가 마련되어야만 실효성을 가질 수 있다.

이런 배경에서 이스라엘은 2011년에 미국 델라웨어 법원의 상법부 모델Delaware Court of the Chancery Model을 모방해 텔아비브 지역법원에 경제부Economic Division라는 특별 재판부를 설치해 회사법과 증권법에 특화된 소송만 다루도록 했다. 이 재판부는 3명의 종신 판사tenured judges로 구성되며, 이 판사들은 오직 증권법과 상법 관련 민사소송 및 증권법 위반과 관련된 형사사건만 다룬다. 이 특별 재판부가 설치되면서 투자자의 집단소송이나 대표소송derivative suits을 통해 법의 사적 집행private enforcement이 촉진되었다. 이와 동시에 이스라엘 증권위원회ISA는 대표소송의 비용 일부를 부담하고, 원고가 소송에서 입증에 필요한 회사 내부 자료에 접근하는 것을 더 용이하게 하는 조치도 취했다.

이와 같은 기업 소유구조와 지배구조 개혁의 실효성은 최근의 실증 연구들에 의해 검증되고 있다. 2011년 상법 개정으로 인해, 이스라엘에서는 총수나 총수일가가 임원이나 이사로 받는 급여에 대해서 적어도 3년에 한 번씩 주총에서 MoM 허가를 받아야 하는데, Fried, Kamar and Yafeh(2020)의 최근 연구는 총수나 총수일가가 임원이나 이사로 받는 급여의 증가 폭이 감소했고 일부는 그만두거나 급여를 못 받고 일을 하는 현상이 나타나고 있음을 실증적으로 보여 주었다. 한편 Aran and Ofir(2020)는 텔아비브 법원의 경제부라는 특수 경제법원의 도입으로 관련 사건 재판이 신속하게 진행되고 일관된 판례가 급속히 형성되었음을 밝혔으며 이 법원으로 소송이 몰리는 현상을 실증적으로 발견했다. 따라서 이런 실증 연구들은 이스라엘 기업 지배구조 관련 개혁들이 실질적인 효과를 내고 있음을 시사한다.

한국과 일본의 차이

『한경비즈니스』의 '코스피 4000 시대를 위해 한국 자본시장이 나아가야 할 길'에 대한 설문조사에서 전문가들은 한일 자본시장의 가장 큰 차이점으로 '대주주(45%)'를 짚었다. 한국은 대주주에 의한 사실상 경영이 일반적이지만 일본 대기업집단에는 이른바 총수가 없는 경우가 대부분이다. 이는 제2차 세계대전 이후 맥아더 군정에 의해 일본 재벌인 자이바쯔財閥가 해체되었기 때문이다. 맥아더 군정 이후에 일본 대기업집단은 기업 간 상호지분을 보유하는 계열系列(게이레츠)로 재편성되었는데, 계열에는 총수가 존재하지 않는다.

일본의 기업 밸류업 프로그램은 이런 일본의 기업 소유구조하에서 기업 경영자들이 자발적으로 주주 이익과 기업 가치를 제고할 충분한 유인이 결여되어 있음을 인지한 것으로부터 시작되었다. 따라서 2015년 이후 이뤄진 이른바 구조개혁이라는 아베의 세 번째 화살로부터, 2023년 자본비용과 주가를 의식한 경영의 실천 방침과 구체적인 이행 목표를 공개하도록 도쿄증권거래소가 요구하는 일련의 과정은 이런 맥락에서만 제대로 이해될 수 있고, 한국에 적용할 때의 제대로 된 방안도 도출할 수 있다. 이에 관해서는 제4장에서 상세히 다룬다.

현재 한국의 기업 소유구조는 개혁 이전의 이스라엘과 더 유사하다. 사실 2010년대 이스라엘의 일련의 개혁을 자본시장의 관점에서 보면 '이스라엘판 기업 밸류업 정책'이라고 부를 수 있다. 결국 경영자와 소수주주 사이의 이해상충 문제를 해소하기 위한 국제 표준인 미국식 기업 지배구조 제도만으로는 해결되지 않는 기업 소유구조를 가진 나라의 경우에는, 기업 소유구조와 지배구조 개혁을 통해 이런 이해상충 문제를 해소해야만 경영자가 주주 이익과 기업 가치를 최대화시킬 유인을 가지게 된다. 이 글에서 '기업 소유지배구조'는 기업 소유구조와 기업 지배구조를 동시에 포괄해 지칭하는 개념으로 사용한다. 따라서 각국의 기업 소유지배구조에 대한 이해가 선행되어야 기업 밸류업 정책이 과연 필요한지 그리고 필요하다면 바람직한 정책은 무엇인지 알 수 있게 된다.

5. 코리아 디스카운트 해소를 넘어

한국 기업 밸류업 정책의 핵심은 재벌개혁이며, 재벌개혁은 코리아 디스카운트 해소를 넘어 한국 산업의 진화를 재점화하는 계기가 될 것이다.

코리아 디스카운트는 PBR이 1배 미만인 저평가 기업들이 존재하는 문제뿐만 아니라, 한국 상장기업의 전반적인 가치평가 수준이 상대적으로 낮게 형성되어 있음을 지적한다. 따라서 상장기업 전반에 걸친 기업 가치 저평가 문제를 해결하기 위한 기업 밸류업 정책은 일본보다 한국에서 더 필요하고, 성공적인 기업 밸류업 정책은 한국 상장기업들의 주가를 일본보다 더 큰 폭으로 끌어올릴 수 있다.

그럼에도 불구하고, 제5장에서 상세히 논의하듯이 윤석열 정부에서 제시하고 있는 기업 밸류업 프로그램은 일본 프로그램 일부를 피상적으로 모방하는 수준에 머물고 있으며, 진정한 밸류업보다는 증시 부양에 초점을 두고 있다. 한국의 기업 밸류업이 실현되기 위해서는 총수일가의 사익편취와 민영화된 공기업에 대한 정부의 인사전횡을 억제하는 제도적 장치가 필요하다. 이스라엘 사례에서 언급했듯이, 이런 제도적 장치는 기업의 소유지배구조에 대한 개혁 없이 담보되기 어렵다. 다시 말하자면, 기업의 소유지배구조를 개선하는 재벌개혁이 한국 기업 밸류업 정책의 핵심이 되어야 한다. 제6장에서는 코리아 디스카운트를 극복할 수 있는 한국판 기업 밸류업 프로그램을 구체적으로 논의한다.

그런데 이런 재벌개혁이 이뤄진다면 이는 단지 코리아 디스카운트 해소를 넘어 한국 산업의 진화를 재점화하는 계기가 될 수 있다. 2024년 4월 23일 『매일경제신문』은 MZ세대 미디어 플랫폼 어피티를 통해 20·30대 총 593명을 대상으로 재테크 관련 설문조사를 진행한 결과를 다음과 같이 보도했다(김태성·차창희, 2024). 먼저, 현금성 자산 외 다른 금융상품에 투자 중인 452명 중 78.8%인 356명은 현재 한국 주식에 투자하지 않고 있거나 앞으로 투자 비중을 줄이겠다고 답변했다. 둘째, 한국 증권시장에 부정적인 이유로 '한국의 경제성장 동력 부족'을 꼽은 응답자 비중이 29.2%로 가장 높았다. '한강의 기적'이 끝나가고 있다는 『파이낸셜타임스』 분석에 2024년 4월, 2030 투자자 상당수가 동의하고 있는 것이다(Davies, 2024).

산업 진화의
단절

한국의 경제성장 동력 부족은 새로운 산업이 등장하는 '산업 간 진화'와 기존 산업 내에서 고부가가치 부문으로 진화하는 '산업 내 진화'의 단절로부터 발생하고 있으며, 이런 산업 진화의 단절은 제조업 위기로 나타나고 있다.

제조업 경쟁력 상실은 여러 가지 지표를 통해 나타나고 있는데, 수출 증가율이 그중 하나이다. OECD 한국보고서에서 지적하듯이 (OECD, 2018), 1990년대에는 한국의 연평균 수출 증가율이 OECD 평균의 두 배 정도였고, 2000년대 첫 10년 동안에는 전반적인 연평균 수출 증가율 감소에도 불구하고 한국의 연평균 수출 증가율이 OECD 평균보다 세 배 정도 높았다. 그런데 2011년부터 2017년까지 한국의 수출 증가율은 급속하게 감소해 OECD 평균보다 더 떨어졌다. 한국은 수출 중심의 성장을 해 왔고 수출 산업이 내수 산업보다 더 생산성이 높은 산업이므로, 수출 증가율의 상대적 급감은 제조업의 생산성에 문제가 있음을 함의한다.

이런 제조업의 위기는 기본적으로 '범용재-생산공정혁신-가격경쟁력'으로 특징되는 한국 중화학공업이 진화를 멈추고 있기 때문이다. 사실 범용재 중심의 상품군은 경제가 발전하면 추격해 오는 신생 개발도상기 국가 기업들의 상품으로 대체되기 마련이다. 우리도 과거에 일본, 유럽, 미국 기업들의 이런 상품군을 대체하면서 성장했다. 이제는 중국 등 개발도상기 국가가 우리를 대체하기 시작한 것이다.

2020년에 발간된 대외경제정책연구원의 『중국 산업구조 고도화에 따른 한·중 경쟁력 변화와 대응전략』 보고서에 따르면, 2020년 당시 저부가가치 부문이나 범용재에서 중국에 비해 경쟁열위이거나 경쟁이 심한 것으로 나타났으며, 5년 후에는 프리미엄 제품 등에서 경쟁이 더욱 심해지고 범용 부문은 경쟁열위로 떨어질 가능성이 높다고 예측했다. 불행히도 이 예측은 현실이 되고 있다.

한국의 추격에 대응해 일본, 독일, 북유럽 국가들에서는 고부가가치 중간재와 고부가가치 특수재specialized product를 생산하는 '산업 내 진화'가 이뤄졌고, 범용재 사업은 축소하거나 국외로 이전했다(Herrigel, 2010). 그러나 우리의 경우 이런 고부가가치 중간재나 특수재 산업으로의 진화가 단절되고 있다. 고부가가치화, 특수재로의 진화 단절은 1997년 경제위기 이후에 시장이 독과점화되고 부품소재 시장에서 수요독점과 전속적 계약 관계가 강화되면서 고착화되고 있다. 실제로 19개 제조업 부문에서 상위 3개 기업의 점유율은 1970년 10.1%에서 2010년 28.5%로 증가했는데, 특히 1997년 경제위기 이후 급증했다(Choi, Levchenko, Ruszic and Shim, 2024).

1960년대 이후 한국의 경제발전은 산업진화의 과정이고 결과였다. 한국의 제조업 수출은 노동집약적 상품에서 자본집약적-단순 상품, 자본집약적-고숙련 상품, 자본집약적-하이테크 상품, 자본집약적-R&D집약적-고숙련 상품 등으로 진화해 왔다(Song, 2003). 그러나 〈표 1〉에서 볼 수 있듯이, 2003년부터 2022년 기간 동안에 한국 상위 10위 수출품목에 새로이 진입한 부문은 평판디스플레이 및 센서와 정밀화학연료만이 있다. 2003년 상위 10대 수출품목은 2012년까지 내부 순위 변동은 있었으나 유지되었는데, 2013년에 평판디스플레이 및 센

〈표 1〉 10대 수출품목(2003~2022)

2003	2013	2022
반도체	반도체	반도체
자동차	석유제품	석유제품
무선통신기기	자동차	자동차
컴퓨터	선박해양구조물 및 부품	합성수지
선박해양구조물 및 부품	평판디스플레이 및 센서	자동차부품
석유제품	무선통신기기	철강판
합성수지	자동차부품	평판디스플레이 및 센서
철강판	합성수지	선박해양구조물 및 부품
영상기기	철강판	정밀화학원료
자동차부품	플라스틱 제품	무선통신기기

서와 플라스틱 제품이 추가되고 컴퓨터와 영상기기가 제외되었다. 이후 2021년까지 플라스틱 제품과 컴퓨터가 10대 수출품목에 포함되거나 제외되는 변동만이 있다가, 코로나19가 끝난 2022년에 정밀화학원료가 포함되고 이 두 제품은 제외되었다.

한편 한국 정부에 의해 지정된 120개 우선기술priority technology 중 2012년에 한국은 36개 기술을 차지했으나 2020년에는 단지 4개로 줄어들었다. 수요독점과 전속적 하청구조에서 기술 탈취와 단가 후려치기가 만연하고, 중간재 사업자들은 기술혁신의 유인과 여력을 상실하고 있다. 독점화된 최종재 시장에도 새로운 기업이 진입하기란 매우 어려워졌고, 기존 산업을 대체하는 슘페터적 창조적 파괴가 발생하지 못하고 있다.

단절된 진화의 엔진을
다시 점화시켜야

단절된 산업 내 진화와 산업 간 진화를 재점화해야만 한국 경제는 지속 가능한 성장을 할 수 있고 주식시장에서 투자자들이 매력을 느낄 수 있는 기업들이 지속적으로 등장할 수 있다. 산업 내 진화와 산업 간 진화는 한국 경제가 혁신경제로 이행할 때 가능하다. 혁신경제의 성패는 진입과 퇴출의 장벽이 없고, 공정한 경쟁이 가능하며, 약자의 재산권이 보호되느냐에 달렸다.

재벌이라는 기업집단은 경제개발기의 모방을 통한 추격 전략에서는 효과적이었으나, 경제가 발전해 혁신경제로 전환해야 하는 시점에서는 더 이상 유효하지 않은 소유지배구조이다. 재벌의 경제력 집중은 최종재 시장에서 독과점화를 유발하고, 부품소재 시장에서는 수요 독점과 전속거래를 야기했다. 이런 경제구조는 새로운 도전기업이나 새로운 선도 산업이 도래하기 어려운 진입 및 퇴출 장벽을 쌓았고, 특히 중간재 시장에서는 기술 탈취가 만연하게 만들었다. 따라서 재벌이라는 전근대적 소유지배구조를 개혁하고 총수일가의 사익편취를 방지하는 것은 이런 혁신경제로 나아가기 위해 필수적이다.

독과점 구조와 수요독점 및 전속적 하청구조를 바꾸고 약자의 재산권을 보호하기 위해 징벌배상과 디스커버리 제도가 도입된다면, 중간재 산업에서 혁신이 들불처럼 일어날 수 있고 나아가 창조적 파괴도 발생할 수 있다. 이런 구조적 문제가 없는, 개인이 소비자인 B2C 부문에서의 혁신과 유니콘 기업의 등장을 생각해 보면, 진입과 퇴출 장벽이 없고 성공에 대한 대가가 착취되지 않는 공정한 경쟁 체제가 공고해지면 중간재가 대부분인 B2B 부문에서도 혁신이 불길처럼 일어날 것이다.

산업 간 진화는 탄소중립으로 이행하기 위해서도 필수적이다. 중화학공업 중심의 제조업 구조를 유지한 채 탄소중립으로 이행하는 것은 사실상 불가능하다. 즉 저탄소-친환경 산업 구조로의 전환 없는 탄소중립은 달성되기 어렵다. 이런 산업전환을 위해서도 소유지배구조의 경직성을 해소할 수 있는 재벌 개혁이 필요하다.

제2장

주주 자본주의는
최선인가

1.

기업의 주인은 누구인가

기업의 '주인'을 '윗분' 또는 '마음대로 할 수 있는 사람'으로 생각하는 것은 서구적 계약 관계에 기초한 소유권이나 주주라는 개념에 대한 몰이해 때문 이다.

어느 지인의 페이스북에서 이 지인이 친구와 나눈 이야기를 읽은 적이 있다. 지인이 회사의 주인은 주주라고 친구에게 이야기했더니, 친구가 30년간 회사에서 일한 나는 주인이 아니고 회사에 한 번도 와 본 적 없는 주주가 어떻게 기업의 주인이 될 수 있냐고 반문했다는 것 이다.

다른 한편으로, 주주가 있는 주식회사에 대해서도 '주인 없는 기업' 이라는 표현을 국내 언론에서 종종 사용한다. 과거 공기업이 민영화된 이후에 사실상 경영권을 장악한 주주, 즉 지배주주가 존재하지 않을 때 언론들이 사용하는 표현이다.

그렇다면 주식회사의 주인은 누구인가? 주식은 주식회사의 소유권ownership을 유동화 또는 증권화한 것이라고 이해할 수 있는데, 따라서 주식회사의 소유권을 지닌 주주가 기업의 주인이라고 쉽게 이야기하는 것이다. 그런데 문제는 '소유권'이라는 용어에 대한 몰이해다. 주식회사 제도나 계약 관계에 기초한 근대적 소유권의 의미가 우리 사회에 이식되면서, 전통적으로 또는 전근대적으로 우리 사회가 가지고 있던 소유권과 주인이라는 개념과 혼돈을 일으키고 있는 것이다.

'주인'이라는 말을 들으면 무엇을 연상하는지 자가진단을 해 보자. '윗분' 또는 '마음대로 할 수 있는 사람' 등이 연상된다면 현대 자본주의에서 상정하는 '계약 관계'에 기초한 소유권이나 주주라는 개념을 제대로 이해하지 못하고 있는 것이다. 사실 이런 몰이해와 오해는 한국 기업 지배구조나 노사관계에 대한 잘못된 생각과 오해의 원인이 되기도 한다.

기업의 소유권과
주주

기업은 소유하는 기계, 재고, 특허 등과 같은 유무형의 자산으로 구성되고, 주인은 이런 기업의 소유권을 가진 인격체로서 자연인일 수도 있고 법인일 수도 있다. 특히 기업이 주식회사 형태를 가지면, 기업의 소유권이 주식으로 증권화되는 것이고, 따라서 다수의 주주, 즉 소

제2장 주주 자본주의: 최선인가

유권의 보유자들이 다수 존재하는 것이 일반적이다.

그렇다면 기업의 소유권은 무엇을 의미할까? 당연히 기업이 소유하는 기계, 재고, 특허 등과 같은 유무형 자산 등에 대한 재산권을 포함한다. 그러나 기업은 통상적으로 자산만 보유하는 것이 아니다. 자본시장에서 발행한 채권이나 금융권으로부터의 차입 등 채무도 지고 있다. 또 자산을 활용해 생산하고 판매하기 위해서는 노동이 필요하고, 따라서 노동자에게 노동의 대가를 지불해야 하는 의무도 진다. 즉, 임금이라는 채무도 지는 것이다. 이런 기업의 채무를 고려할 때, 현대 자본주의 경제에서 기업의 소유권은 '잉여권리residual rights에 대한 통제권control'으로 이해하게 된다(Grossman and Hart, 1986). 따라서 주주는 기업의 소유권, 즉 잉여권리의 통제권(일부)을 보유하는 것이다.

이를 좀 더 심도 있게 이해하기 위해서는, 현대적 계약이론을 살펴볼 필요가 있다. 계약상 권리는 구체적 권리specific right와 잉여권리로 양분되는데, 계약에서 특정된 구체적 권리 외에 다른 모든 권리를 잉여권리라고 정의할 수 있다. 잉여권리가 불가피한 이유는 계약을 맺을 당시에 모든 당사자들의 행위와 이에 따른 대가를 명확히 특정하는 것이 매우 어렵기 때문이다. 즉, 구체적 권리를 특정하는 것이 힘들거나 너무 복잡할 때, 잉여권리를 설정하는 것이 보다 합리적 선택이된다.

기업은 임금, 대출금, 채권 등과 같은 채무 역시 계약을 통해 설정하는데, 이들 채권을 기업은 우선적으로 변제해야 하고, 이는 상대방 계약당사자의 구체적 권리가 된다. 주주는 채권을 제외한 잉여권리를 가지게 되는 것이다. 그렇다면 누가 주주가 되고 누가 채권자가 될까?

다시 말하자면, 누가 잉여권리를 통제하는 것이 합리적인 선택일까라는 의문이 들게 된다.

기업의 소유권과
관계특정적 투자

기업은 특정 생산활동을 기업 내부적으로 수행할 수도 있고, 외주를 통해 수행할 수도 있다. 기업 내부적으로 수행한다는 것은 이에 대한 소유권을 기업이 가진다는 의미이고 이 생산활동에 참여하는 다른 당사자들은 계약상 구체적 권리를 지니게 된다는 것이다. 반대로, 기업이 외주를 준다는 것은 상대방이 소유권을 가지고 기업은 계약 당사자로서 구체적 권리만 가지게 된다는 의미이다. 경제학에서는 오랫동안 어떤 활동을 기업 내부에서 수행할지 아니면 외주를 줄지를 결정하는 요인이 무엇인가에 대한 탐구가 진행되어 왔다.

『국부론』의 저자이고 현대 경제학의 시조로 불리는 애덤 스미스는 기업을 통해 분업division of labor과 전문화specialization가 이뤄지고, 이를 통해 노동의 숙련화와 생산성 향상이 달성된다고 생각했다. 이를 설명하기 위해서, 스미스는 유명한 핀 만들기 예시를 들었다. 한 사람이 혼자서 핀을 만드는 경우와 열 명이 고용된 기업(manufacturing business)이 핀을 만드는 경우가 있다. 기업에 고용된 열 명이 10가지 세부공정 중 하나씩을 맡는 분업과 협업을 통해 핀을 만들면 하루에 일인당 4천 8백 개 핀을 만들 수 있으나, 혼자 모든 세부공정을 담당해 핀을 만들면 하루에 하나도 못 만들거나 많아야 20개 정도를 만들 수 있다는 것이다.

그런데 이런 분업이 굳이 기업이라는 조직 안에서 이뤄져야 할 이유는 없다. 예를 들어, 핀을 만들기 위해 열 명의 사람들이 프리랜서로 계약을 맺고 그 계약에 따라 분업하고 대가를 나눠 가져도 여전히 분업과 전문화는 가능할 것이다. 따라서 생산활동이 기업 내부에서 이뤄지는 것을 이해하기 위해서 추가적인 설명이 필요한데, 이에 거래비용transaction cost이라는 개념이 제시되었다.

코즈Coase, 윌리엄슨Williamson 등에 의해 제시된 이 개념은 거래의 대가인 가격을 제외한 거래에 수반되는 모든 비용을 거래비용이라고 정의한다. 열 명의 사람들이 프리랜서로 분업해서 핀을 생산하려면, 작업이 필요한 그때그때 계약을 맺어야 한다. 그런데 계약대로 생산을 못 하게 되었을 때 손해 분담 문제나, 계약 당사자의 기회주의적 행동 등으로 계약이 지켜지지 않는 문제 등이 발생할 수 있다. 따라서 이런 문제를 사전적으로 계약을 통해 해결해야 하는 추가적 비용, 즉 거래비용이 계약할 때마다 지속적으로 발생한다는 것이다. 코즈 등에 따르면 기업이라는 조직 안에서 장기적인 계약을 통해 이런 거래비용을 최소화할 수 있다. 다시 말하자면, 거래비용을 최소화하기 위해서 기업이라는 조직이 생기고 거래가 기업 내부화된다는 것이다. 그러나 기업의 규모나 범위가 커지면, 고용된 노동자들이 열심히 일을 하는지를 감독하는 비용이 증가하게 되기 때문에 기업의 최적 범위는 거래비용과 감독비용monitoring cost의 합을 최소화시키는 수준에서 결정된다.

거래비용과 감독비용이라는 매우 직관적인 개념에도 불구하고, 기업의 범위를 설명하는 이 이론도 누가 기업의 소유권을 가지게 되는

지를 설명하지는 못한다는 한계를 지닌다. 예를 들어, 열 명의 사람들이 기업을 만들어 핀을 만들 때 누가 고용자(즉, 기업의 소유권자)가 되고 누가 피고용자 즉 노동자가 될까라는 의문에 답을 주지는 못한다. 다시 말하자면, 누가 기업의 소유권을 가질 것인가라는 문제는 해소되지 않는 것이다. 이에 대한 해답으로, Grossman and Hart(1986)는 '관계특정적relationship-specific 투자의 한계 생산성'이 높은 당사자가 잉여권리 통제권, 즉 소유권을 가지는 것이 효율적임을 보여 주었다.

예를 들어, 자동차 보험회사는 직고용 보험설계사를 고용하거나 독립적인 보험설계사와 계약을 통해 자동차 보험 상품을 팔 수 있다. 직고용 설계사나 독립적 설계사를 이용할 경우에 설계사에게 지급하는 보상이나 사무실 비용 등에 대한 계약은 사실상 동일하게 할 수 있다. 따라서 직고용과 외주의 차이는 고객 명단의 소유권에 달렸다. 즉, 독립적 보험설계사는 자체 고객 명단을 보유하고, 직고용 보험설계사의 경우 고객 명단은 보험회사가 소유한다는 점이다. 보험회사가 고객 명단을 보유하고 있는 경우에 특정 보험설계사가 일을 그만두더라도 고객 명단을 다른 보험설계사에게 넘겨 계속 고객 관리를 할 수 있으며, 일을 그만둔 보험설계사는 고객을 데리고 나갈 수 없다. 그러나 독립적인 보험설계사는 보유하고 있는 고객 명단을 이용해 다양한 보험회사의 자동차 보험 상품을 팔 수 있고, 따라서 특정 회사와 계약이 끝나면 고객에게 다른 보험회사 제품으로 갈아타도록 설득할 수도 있다.

보험회사는 자동차보험 상품 설계나 상품 광고 등을 통해 보험상품 판매에 영향을 끼칠 수 있고, 보험설계사는 열심히 일해 충성고객을 확보하거나 대충 일해 일시적 고객에게만 상품을 판매할 수도 있다. 그런데 직고용 보험설계사나 독립적 보험설계사와 동일한 성과 보수 계약을 하더라도 계약 불가능한 사항non-contractibles이 존재하기 마련이다. 따라서 보험회사가 고객 명단을 가질 때는 보험설계사가 최선을 다하지 않을 유인이 생기고, 반대로 고객 명단을 보험설계사가 가질 때는 보험회사가 최선의 노력을 기울이지 않을 수 있다.

경제학에서는 보험회사와 보험설계사가 각각 자동차보험 상품 판매를 위해 기울이는 계약 불가능한 노력을 '관계특정적 투자'라고 부르는데, 양 당사자의 관계특정적 투자는 잉여권리를 누가 통제하느냐에 따라 달라지게 된다. 따라서 추가적 관계특정적 투자로 인해 자동차보험 상품 판매를 더욱 증가시키는(즉, 관계특정적 투자의 한계 생산성이 높은) 당사자가 잉여권리 통제권(즉, 소유권)을 가지는 것이 더 효율적이게 된다. 다시 말하자면, 보험설계사의 관계특정적 투자의 한계 생산성이 더 높으면, 자동차 보험 업무의 소유권이 설계사에게 주어지는 외주가 더 효율적이고, 반대로 보험회사의 한계 생산성이 더 높으면 설계사는 피고용인이 되고 자동차보험 업무의 소유권은 보험회사에 귀속되는 것이 더 바람직하다는 것이다.

잉여권리는
후순위 권리

계약이론에 기초해 기업의 주주를 이해한다면, 주주는 주식회사 기업 활동의 잉여권리를 가지는 주체라는 의미가 된다. 앞서 논의했듯이 잉여권리는 후순위 권리이다. 즉, 주주는 임금과 채무를 우선적으로 지급한 이후 남는 이윤에서 배당을 받게 되고, 기업이 파산할 경우에도 임금과 채무를 먼저 변제해야 하고 남는 여유분에 대해서만 권리를 행사할 수 있다. 따라서 이런 후순위 권리를 가진 주주는 관측되지 않거나 계약 불가능한 노력(즉, 관계특정적 투자)에 최선을 다할 유인을 가지게 되고, 이럴 경우에 기업의 잉여가 최대화될 수 있다는 것이다.

2. 기업의 이윤 극대화와 주주 자본주의

주주 자본주의는 주식회사 제도에서 기업의 이윤 극대화 가설로 이해할 수 있다.

애덤 스미스부터 시작된 현대 경제학의 발전 역사는 개인들의 이기적 행위가 적절히 유인되면 사회적으로 바람직한 결과를 가져올 수 있다는 대명제를 이론적으로 그리고 실증적으로 입증하는 과정이라고 이해할 수 있다. 현대 미시경제학은 시장거래를 통해 이런 명제가 도출됨을 체계적으로 보여 준다. 개인은 소비자와 생산자로 범주화되고, 소비자의 이기적 행위는 합리적 선호체계를 가진 소비자의 선택으로 모형화되며 나아가 효용 극대화 행위로 다시 표현된다. 생산자의 이기적 행위는 이윤 극대화 행위로 모형화된다.

소비자와 생산자는 상대적 교환 비율인 가격에 따라 각각 효용과 이윤을 극대화하는 수요량과 생산량에 대한 의사 결정을 하는데, 시장실패가 존재하지 않는다면 시장거래를 통해 소비자의 한계편익(효용)과 공급자의 한계비용이 동일해지는 생산량(또는 수요량)에서 시장 균형과 시장 가격이 결정되고, 이 시장의 균형에서 소비자와 생산자는 시장거래에서 발생하는 잉여를 최대로 누리게 된다. 즉, 소비자는 균형 소비량 미만의 소비 수준에서는 시장가격보다 더 높은 (한계)효용을 누리고, 생산자 역시 균형 생산량 미만 수준을 생산할 때 시장가격보다 더 낮은 (한계)비용으로 생산하기 때문에, 시장 균형에서 각각 소비자잉여consumer surplus와 생산자잉여producer surplus를 누리게 된다. 이런 소비자잉여와 생산자잉여의 합을 사회후생social welfare이라고 부른다. 학부 미시경제학의 전반부가 바로 이 한 문단을 설명하고 입증하는 내용이라고 할 수 있다.

그러나 이런 이상적인 시장 균형은 시장실패가 존재하지 않는 상황에서만 실현된다. 시장실패로는 불완전경쟁, 외부성, 공공재, 정보의 불완전성 등을 꼽을 수 있는데, 학부 미시경제학의 후반부는 시장실패가 존재할 때 어떤 문제가 발생하고 나아가 이런 문제에 대해서 정부가 개입하는 것이 바람직할지 또 개입한다면 어떻게 개입할 수 있을지에 대해서 논의하는 것이다.

그런데 기업의 소유권자가 누리는 잉여권리에 해당하는 것이 바로 자본 비용과 노동 비용을 선지급하고 남는 이윤이라고 할 수 있다. 따라서 생산자가 이기적 행위로써 이윤을 극대화한다는 것은 기업의 소유권자가 잉여권리를 극대화한다는 것과 동일한 이야기가 된다. 즉,

생산자의 이윤 극대화 가설은 기업 활동이 주주의 이익을 극대화해야 한다는 주주 자본주의의 가설과 같은 의미이다.

여기서 한 가지 유의할 점이 있다. 생산자가 이윤을 극대화하는 이기적 행위를 한다는 것이, 경제학이 어떤 수단과 방법을 동원해 이윤을 추구해도 괜찮다고 용인하는 것은 아니라는 점이다. 미시경제학에서 '욕망에 마구harness를 채운다'라는 표현이 사용되는데, 이는 생산자가 오직 경영혁신이나 기술혁신과 같은 메리트merits에 기초해 이윤이라는 이익을 추구할 때만 생산자의 이윤 추구라는 이기적 행위가 사회후생 극대화라는 사회적으로 바람직한 결과를 낳기 때문이다. 이런 욕망에 마구를 채우는 대표적인 장치가 소비자 착취와 경쟁사업자에 대한 시장지배적 지위의 남용을 방지하는 공정경제 규제와 노동자 착취를 방지하는 노동 3법인 것이다.

기업 소유지배구조와
주주 자본주의

생산자의 이윤 극대화 가설이 기업의 소유권자가 잉여권리의 가치를 극대화한다는 것으로 해석될 수 있지만, 소유권자가 직접 기업 경영을 하는 개인 기업의 경우와 달리 소유권을 유동화한 주식을 다수의 주주가 보유하고 있는 주식회사에서는 기업의 경영자가 소유권자들의 잉여권리 가치를 극대화할 것이라고 단정할 수 없다. 다시 말하자면, 주식회사에서 경영자가 주주의 이익을 극대화하는 것보다 경영자 자신의 사익을 추구할 유인이 존재하고, 이럴 경우에 주주 자본주의 가설(혹은 기업의 이윤 극대화 가설)이 실제로 적용되지 않을 수 있다는 것이다. 즉, 기업의 소유구조에 따라 주주 자본주의와 기업의 이윤 극대화 가설이 성립되지 않을 수 있다. 따라서 경영자의 사익 추구가 기업의 이윤 극대화 또는 주주의 이익 극대화와 일치되도록 정렬시키는 유인체계가 도입되는데, 이 유인체계를 기업 지배구조corporate governance라고 부른다.

현재 미국의 기업 지배구조 제도가 국제 표준처럼 받아들여지고 있는데, 기업의 소유권을 가진 주주는 주주총회에 참여해 회사의 이사와 주요 임원 임면 및 정관 개정 등에 의결권을 행사하고 주주(대표)소송 등을 제기할 수 있다. 이를 기업 내부의 지배구조라고 부르며, 이외에도 기업 지배구조는 기업 외부인 자본시장에서의 규제나 적대적 M&A 시도도 포괄하고, 보다 광의로 보면 민형사 소송 제도도 중요 요소이다. 최근에는 의결권 자문기관의 역할이나 기관투자자의 적극적 주주권 행사도 중요한 기업 지배구조의 일부로 평가된다.

그런데 이런 기업 지배구조 제도는 미국 기업의 소유구조와 자본시장의 역할이라는 맥락에서 최적화된 유인체계라고 할 수 있다. 다시 말하자면, 기업 소유구조나 자본시장의 역할이 다른 나라 또는 다른 유형의 자본주의에서는 미국식 기업 지배구조 제도가 제대로 작동하지 않을 수 있다는 것이다.

3.

미국의 주주 자본주의

'소유분산 모기업-완전 자회사'라는 미국의 기업 소유구조는 주주 자본주의와 미국식 기업 지배구조가 작동되는 근간이다.

미국의 기업 소유구조는 한마디로 '상장 모기업-완전 자회사'라고 이야기할 수 있다. 예를 들어, 우리에게 친숙한 구글Google이라는 기업도 알파벳이라는 모기업이 100% 주식을 보유하고 있는 알파벳의 완전 자회사이고, 모기업인 알파벳만이 뉴욕 증권시장에 상장되어 있다. 메타와 페이스북도 이런 '상장 모기업-완전 자회사' 소유구조를 지니고 있다.

그런데 미국의 상장 모회사는 대부분 소유분산widely held 기업이다. 소유분산 기업이란 '경영권을 사실상 장악한 주주', 즉 지배주주controlling shareholder가 존재하지 않고 주주의 대부분이 소수주주인 기업 소유구조를 가지고 있는 기업이다. 따라서 소유분산 기업에서는 전문경영자가 소수주주들을 대신해서 기업을 경영하는 것이 일반적이다.

그러나 기업을 직접 경영하는 전문경영자는 기업 활동과 관련해 주주에 비해 더 많은 정보나 더 양질의 정보를 가질 수 있고, 또 이런 전문경영자의 활동을 주주나 사외이사들이 모두 감독할 수 없는 경우가 일반적이다. 이를 경제학에서 '비대칭 정보asymmetric information' 상황이라고 부르는데, 비대칭 정보 상황에서 전문경영인은 주주의 이익이 아닌 자신의 사익을 추구할 여지가 생긴다. 즉, 비대칭 정보로 인해 주주와 전문경영인 사이에 이해상충이 발생할 수 있다는 것인데, 이런 전문경영인의 일탈을 막기 위해 도입된 것이 미국식 기업 지배구조이다.

거대기업과
기업집단의 출현

그런데 '소유분산 모기업-완전 자회사'라는 미국의 기업 소유구조가 자연스럽게 발생했거나 미국 자본주의 초기부터 존재했던 것은 아니다. 오히려 20세기 초 미국에서는 장치 산업을 중심으로 거대기업이 출현하면서 경제력economic power 집중이 가져올 경제적, 정치적 폐해에 대한 우려가 일기 시작했다. 민주당 일부 지도자들과 공화당의 개혁적 세력은 이른바 진보적 운동progressive movement을 지지하게 되는데,

이는 경제력 집중으로 인해 특정인이 사회의 게이트키퍼gatekeeper가 될 수 있고, 이해충돌의 문제가 발생할 수 있음을 우려한 것이다(Becht and DeLong, 2005). 진보적 운동이 우려한 '게이트키퍼'를 현재 우리 표현으로 옮기면 '경제권력'이라고 부를 수 있을 것이다.

20세기 초반에 미국은 일련의 입법과 사법적 판결을 통해 경제력 집중의 문제를 해소했는데, 가장 대표적인 사례가 록펠러가 설립한 스탠더드오일Standard Oil을 분할한 사건이다. 스탠더드오일은 수평적 기업결합과 수직적 통합을 통해 석유의 생산, 운송, 정유 및 판매 시장을 독점화했는데, 1904년 즈음에는 미국 정유 생산의 91%와 판매의 85%를 차지했다. 스탠더드오일은 1909년 미국 법무부에 의해 셔먼법 Sherman Antitrust Act 위반 혐의로 법원에 제소되었고, 4년간의 심리 끝에 미국 대법원은 1911년 5월 15일 스탠더드오일을 수십 개의 독립 기업으로 분할할 것을 명령했다.

그런데 스탠더드오일의 분할 이후에, 피라미드 구조(즉, 지주회사 구조)를 가진 기업집단들이 1920년대를 거치며 급속히 증가했다. Kandel, Kosenko, Morck and Yafeh(2019) 연구에 의하면, 1930~1940년대 미국에는 대규모 피라미드 조직을 가진 기업집단이 50개 이상 있었고, 이들 기업집단에 소속된 회사들은 철도, 전기, 가스 등의 공공 유틸리티public utility 회사 외에도 제조업 회사 중상위 절반 정도와 큰 금융회사들을 포함하고 있었다. 또한 공공 유틸리티 산업을 제외한 제조업과 금융 부문에 형성된 기업집단은 특정 가문에 의해 지배되고 있었다.

기업집단에 의한 경제력 집중이 시장 경쟁과 궁극적으로는 미국 민

주주의에 심각한 위협이 된다고 우려한 루스벨트_{Franklin Roosevelt} 대통령
은[4] 뉴딜_{New Deal} 기간에 기업집단 해체를 위한 개혁 조치들을 시행하
게 된다(Kandel, Kosenko, Morck and Yafeh, 2019). 그 결과, 미국의 기업집
단은 1940년대부터 점진적으로 사라졌고, 1950년대에 이르러서는 사
실상 더 이상 존재하지 않게 되었다.

제도화된
시장경제

뉴딜 기간 기업집단 해체는 하나의 법안으로 단기간 내에 이뤄진
것은 아니었다. Kandel, Kosenko, Morck and Yafeh(2019) 연구는 미국
기업집단의 해체가 15년 이상 소요되었고 여러 규제와 정치적 환경이
종합적으로 작용한 결과라는 결론을 내린 바 있다. 우선, 1935년에 입
법된 '공공 유틸리티 산업 지주회사법_{Public Utility Holding Company Act, PUHCA}'
의 시행으로 인해 공공 유틸리티 산업에서 기업집단이 해체되었다.
동 법은 상장기업에 대해 2층 구조까지만 허용해 상장기업 간 출자를
직접적으로 제한하고, 공공 유틸리티 회사는 물리적으로 연결된 인프
라구조를 가져야 한다고 규정했다.

제조업과 금융산업에서 형성된 기업집단들은 다양한 법을 통해 좀
더 오랜 기간에 걸쳐 해체되었다. 이와 관련해 가장 주목받는 법안은
1940년에 입법된 '투자회사법_{Investment Company Act}'이다. 동 법은 모회사

---

4   이 우려는 루스벨트의 1938년 의회 연설에 잘 표현되어 있다.

가 자회사의 지분을 50% 이상 보유하지 않을 경우 이 모회사를 제조기업일지라도 폐쇄형 투자펀드closed-form mutual fund로 간주해 규제한다. 이 법이 시행된 이후부터 기업들은 자회사에 대한 지분을 50% 이상으로 대부분 상향했다. 한편 루스벨트 정부는 1935년 6월 세법 개정을 통해 기업 간의 배당에 10%의 세율을 부과했는데, 이로 인해 출자단계가 늘어날수록 과세율도 높아지게 되었다. 그런데 이 세법은 자회사에 대한 지분율이 85%를 초과하면 배당소득세에 대한 이중과세를 감면해 주는 당근책도 포함하고 있었다. 따라서 자회사에 대한 지분을 50% 이상으로 상향한 기업들은 이중과세 감면 혜택을 받기 위해 지분율을 다시 85% 이상으로 올리게 되었다. 이후 징벌배상과 디스커버리 제도로 인해 민사소송이 활발해지면서 미국 기업들은 아예 자회사 지분을 100% 보유하게 된 것이다.

이 외에도, 1933년 '증권법Securities Act'과 1934년 '증권거래위원회법Securities and Exchange Act'의 도입은 주주의 권리를 크게 향상시켜 기업 투명성을 제고했으며 만연했던 대주주의 사익편취를 억제하는 데 도움이 되었다. 또한 상속세나 경쟁 정책의 시행도 대기업집단에게 우호적이지 않은 환경으로 작용했을 수 있다. '글래스-스티걸법Glass-Steagall Act'으로 더 알려진 1933년의 '은행법'은 상업은행과 투자은행의 겸업을 금지하고 은행 산업 내의 계열화나 은행과 비은행 기업 사이의 복잡한 계열화를 은행 지주회사로 단순화하여 기업집단 전반이 연방준비제도의 감독과 규제를 받도록 했다. 이후 1956년 '은행지주회사법Bank Holding Company Act'에 따라 은행을 지배하는 회사(즉, 은행지주회사)는 직간접적으로 은행 업무와 밀접한 관련이 없는 비은행 업무에 종사할 수 없다는 규정이 도입됨으로써 은산분리가 확립되었다.

　뉴딜 개혁의 의미는 사적 자치에 의존하던 자유방임적 시장경제가 '소유분산 모기업-완전 자회사'라는 기업 소유구조와 자본시장의 감시 기능이 강화된 제도화된 시장경제로 진화하는 기반을 쌓았다는 데 있다. 20세기 초거대기업과 거대 기업집단의 등장으로 인해 평판과 관습에 의존한 경공업 시절의 시장경제가 더 이상 제대로 작동할 수 없게 되었는데, 뉴딜 개혁은 기업집단의 해체를 통해 경제력 집중을 해소하고 주주 자본주의가 작동될 수 있는 제도화된 시장경제체제를 정립했다고 평가할 수 있다.

4.

다양한 자본주의

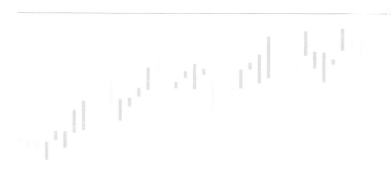

국제 표준으로 받아들여지고 있는 미국의 기업 지배구조가 제대로 작동되는지 여부는 각국의 기업 소유구조와 투자자보호 제도에 따라 다를 수 있다.

중화학공업 시대의 도래로 20세기 초에 거대기업과 대기업집단이 출현했고, 이로 인해 경공업 중심 경제구조에서 쉽게 받아들여진 생산자의 이윤 극대화 행위라는 가설이 여전히 타당할지에 대한 의문이 제기될 수 있었다. 뉴딜 기간에 도입된 제도들은 경제력 집중을 야기하는 대기업집단을 해체함으로써 다원성과 시장에서 경쟁을 보장할 수 있는 경제 및 산업 구조를 만들었다. 나아가 주식회사 제도에서 생산자 이윤 극대화와 동일한 의미를 지니는 주주 자본주의가 실현될 수 있는 기업 소유구조와 지배구조의 초석을 놓았다. 따라서 제2차 세계대전 이후 미국 경제 시스템은 제도화된 시장경제와 주주 자본주의라고 이야기할 수 있다.

바꿔 말하자면, 주주 자본주의가 잘 작동되기 위해서는 경영자가 주주의 이익 즉 잉여권리 가치를 최대화하도록 유인하거나 강제하는 체계가 필요하다. 미국의 경우, 제2차 세계대전 이후에 '소유분산 모기업-완전 자회사'라는 기업 소유구조가 확립되었고, 이런 기업 소유구조에서 발생할 수 있는 전문경영자의 사익 추구를 억제하고 주주의 이익에 부합하는 활동을 하도록 유인하는 기업 지배구조가 만들어졌다. 이 기업 지배구조는 사외이사 제도, 기관투자자의 적극적 주주활동과 같은 기업 내부의 지배구조internal corporate governance뿐만 아니라 공시 의무, 의결권 자문기관의 평가, 자본시장에서의 적대적 M&A 등과 같은 자본시장을 통한 통제 및 주주의 비례적 이익 보호, 주주대표소송, 징벌배상, 디스커버리 제도 등과 같은 민사소송 제도와 증권법 관련 형사처벌과 같은 투자자보호 제도(La Porta, López-de-Silanes, Shleifer and Vishny, 2000) 등 기업 외부의 지배구조external corporate governance를 포괄한다. 이에 더해, 전문경영자가 주주의 이익에 부합하는 활동을 하도록 유인하는 보상체계로서 스톡옵션stock option을 포함한 성과급이 도입되었다.

미국의 기업 지배구조 제도는 1990년대 이후에 국제 표준으로 받아들여지고 있다. 그러나 이런 기업 지배구조가 의도대로 작동되는지 여부는 각국의 기업 소유구조에 따라 다를 수 있다. La Porta, López-de-Silanes and Shleifer(1999) 연구에서 지적하고 있듯이, 미국과 영국을 제외한 거의 모든 나라에서는 모기업이 자회사 지분을 100% 보유하지 않고 있는 기업집단이 존재하고, 또 모기업을 사실상 지배하는 가문이나 자연인이 존재하는 경우도 상당하다. 이런 기업 소유구조에서 지배주주의 유인은 소유분산 기업에서의 전문경영자의 유인과 다르고 사익 추구의 방식도 다른 것이 일반적이다.

독일의
이해관계자 자본주의

독일에서도 20세기 초에 거대기업들이 등장하기 시작했고, 제2차 세계대전 이전까지 콘체른이라는 대기업집단이 형성되었다. 이 콘체른은 특정 가문에 의해 사실상 지배되는 경우가 대부분이었다. 제2차 세계대전 이후 독일의 콘체른은 해체되었으나, 콘체른 해체 이후에 은행과 대형 보험회사를 중심으로 상호출자 관계를 유지하는 기업들의 연합이 다시 형성되었다. 제2차 세계대전 이후에도 독일은 미국이나 영국에 비해 여전히 자본시장은 상대적으로 덜 발전했고 투자자보호도 약한 편이었다.

상호출자를 통한 기업 소유구조와 상대적으로 덜 발전된 자본시장과 투자자보호 제도하에서, 독일의 기업 지배구조는 기업 내 이중이사회 제도two-tier board structure와 대형금융회사를 중심으로 하는 기업 간 사외이사 네트워크 중심으로 형성되었다. 이 사외이사 네트워크는 금융회사를 대표하는 동일한 사람이 상호출자로 묶인 비금융기업들의 사외이사를 중첩적으로 맡는 구조였다. 이런 독일식 기업 지배구조를 이해관계자 자본주의stakeholder capitalism라고 부른다.

이중이사회란 감독이사회와 경영이사회의 2층 구조를 의미한다.

회사의 피고용인인 노동자들에 의해 선출되는 노동이사와[5] 은행과 같은 금융기관의 대표가 각각 감독이사회의 이사직 1/3씩을 차지하고, 나머지 1/3은 사내 전문경영자가 맡는다. 그리고 이 감독이사회가 사내 경영자 중심의 경영이사회를 감독하는 구조이다. 독일 기업들은 여전히 주식시장보다 은행을 통한 간접 금융에 의존했으므로 금융기관은 기업의 주요 자금 공급원으로서 채권자였고 동시에 주요 주주였다. 이들은 직접 기업 경영에 참여하지는 않으면서, 감독이사회를 통해 경영 감독 기능을 수행하고, 소수주주들로부터 의결권을 위임받은 위임투표proxy voting를 통해 주주총회에서 영향력을 발휘할 수 있었다.

이런 독일의 기업 소유구조와 지배구조하에서, 독일은 제2차 세계대전 이후 '라인강의 기적'이라고 불리는 고도 성장을 경험했다. 특히 금융기관을 중심으로 형성된 사외이사 네트워크를 통해 국가대표 산업과 기업을 육성하는 시장 외적인 조정coordination이 효율적으로 이뤄졌다고 평가되기도 한다.

그러나 〈표 2〉에서 볼 수 있듯이, 1990년대 이후에 외국 기관투자자들의 독일 자본시장에 대한 투자가 증가하고 정부와 민간 가문들의 주식 보유가 줄어들고 있다. 여전히 은행과 보험회사의 주식 보유에는 큰 변동은 없으나, 투자펀드의 주식시장 참여도 높아지면서 미국식 투자자보호와 기업 지배구조를 점진적으로 받아들이는 변화가 일어나고 있다. 예를 들어, 투자자보호를 위한 기업 지배구조 코드German

---

5   이를 흔히 노동자의 경영 참여(codetermination)라고 부른다.

<표 2> 독일 기업 주식 보유 분포(1990~1998)

	은행	투자펀드	보험사	비금융 기업	개인	공공	외국인
1990	10,29	4,33	9,81	41,68	17,23	3,71	12,95
1991	10,27	4,84	10,32	41,36	16,65	3,67	12,89
1992	10,23	5,42	10,41	42,90	15,99	3,66	11,40
1993	9,78	7,27	12,22	38,72	16,66	3,17	12,18
1994	9,4011,91	7,57	11,82	40,87	15,76	3,53	11,04
1995	10,1213,35	7,45	10,93	41,46	15,35	4,39	10,30
1996	11,0515,64	8,96	10,79	37,54	16,00	3,75	11,91
1997	10,93	11,28	14,50	30,46	16,61	2,86	13,35
1998	10,32	12,94	13,74	30,50	14,94	1,91	15,64

원출처: Fohlin(2005), 단위: %

Corporate Governance Code가 2002년에 도입되었다. 이와 동시에 금융기관을 중심으로 하는 사외이사 네트워크도 느슨해지고, 노동이사 제도를 채택하지 않는 기업도 증가하고 있다(Rapp, 2014).

자본주의는 수렴하는가

이해관계자 자본주의의 대명사였던 독일의 기업 지배구조가 미국식 주주 자본주의 기업 지배구조로 완전히 변모해 갈지는 아직 확실하지 않다. 그러나 제4장에서 상세히 다룰 일본의 경우, 잃어버린 30년이 시작된 1990년대부터 기업 소유구조와 지배구조가 더 미국식으로 바뀌고 있다.

1990년 이후 미국 주주 자본주의에 바탕을 둔 기업 지배구조가 국제 표준이 되고 있다는 이야기가 나오는 이유는 서유럽 국가들과 일본에서 일어나는 이런 변화들 때문이다. 이런 변화가 일어난 것은 미국을 중심으로 한 금융자본이 서유럽과 일본 자본시장에 본격적으로 진출하면서 투자자보호와 주주권 행사를 요구한 측면과, 서유럽이나 일본이 혁신경제로 이행해 가기 위해 들인 자발적인 노력이 함께 작용한 결과라고 생각된다.

그러나 미국식 기업 지배구조로의 수렴이 전 세계적으로 일어나고 있는 것은 아니며, 또 기업 지배구조의 수렴이 기업 소유구조의 변화를 동반하지 않는 경우도 많다. 예를 들어, 한국의 경우에는 1997년 경제위기 이후에 기업 소유구조의 변화 없이 미국식 기업 지배구조의 많은 부분을 도입했으나 그다지 효과적이라는 평가를 못 받고 있는 실정이다. 제1장에서 논의했듯이, 코리아 디스카운트는 해소되지 않고 있다. 이에 반해, 이스라엘은 기업 소유구조에 대한 일대 개혁을 2013년에 단행하면서도, 여전히 존재하는 모회사를 지배하는 지배주주와 완전 자회사가 아닌 상장회사로 인해 발생할 수 있는 사익편취를 방지하기 위해 소수주주 동의제를 미국식 기업 지배구조 제도와 함께 보완적으로 도입했다.

그런데 기업 소유구조와 지배구조가 제2차 세계대전 이전과 이후에 큰 변화가 없는 나라들이 대다수이다. 많은 라틴 아메리카 국가들이 이에 해당한다. 또한 북유럽국가들, 특히 스웨덴도 이에 해당하는 사례이다. 스웨덴 역시 20세기 초 중화학공업 시대를 겪으면서 대기업과 대기업집단이 발생했고, 이들 대기업집단은 지금도 여전히 동일한 가문이 사실상 지배하고 있다. 이런 표면적인 유사성에도 불구하고, 20세기에 스웨덴은 지속적인 경제성장에 성공했으나 라틴 아메리카 국가들은 장기적인 저성장에 빠져 있다.

　기업의 소유지배구조가 바뀐 국가들과 바뀌지 않은 국가 사이, 그리고 유사한 구조의 국가 사이에서 상이한 경제적 성과가 나온 것을 제대로 이해하기 위해서는 그 국가의 주요 정치, 경제, 사회적 의사 결정을 사실상 주도하는 파워 엘리트power elite에 대한 이해가 필요하다. 이에 대해서는 한국의 사례를 통해 제3장에서 상세히 살펴보기로 한다.

5. 주주 자본주의는 최선일까

주주 자본주의가 최선인가라는 질문에 대해 주류 경제학은 '그렇다' 또는 적어도 '더 나은 대안이 있음이 입증된 바 없다'라고 대답할 것이다.

다양한 형태의 자본주의의 존재와 미국식 기업 지배구조로의 수렴 논의에 앞서, 사실 먼저 살펴봐야 할 문제는 과연 주주 자본주의가 최선인가라는 질문이다. 이 질문에 대한 주류 경제학의 대답은 '그렇다' 또는 적어도 '더 나은 대안이 있음이 입증된 바 없다'라는 것이다.

소비와 생산에 대한 의사 결정을 경제학에서 자원 배분의 문제라고 부른다. 그런데 주류 경제학의 기본적인 명제는 이 자원 배분의 문제를 원칙적으로 시장을 통해 결정하고 메리트에 기초해 주주의 잉여권리 가치 즉 이윤을 최대화하는 기업의 의사 결정이 이뤄지도록 유인하는 것이 사회적으로 가장 바람직한 상태라고 본다. 즉 개별 시장에서 사회후생을 극대화하고 동시에 경제 전반에서는 누군가의 손해 없이는 다른 누군가의 효용이 더 증가할 수 없는 파레토 효율적인 상태가 된다는 것이다.

주류 경제학은 나아가 시장실패와 같은 상황이 발생해서 이런 이상적인 상태에 도달하지 못하더라도 시장실패를 보완할 정책적 장치를 마련하거나 시장실패를 용인하는 것이 시장 이외의 방식으로 자원배분의 문제를 해결하는 것보다 더 낫다는 것을 전제로 한다. 또한 시장 자체가 무력화되는 경제력 집중과 같은 상황은 구조적으로 해소되어야 한다는 미국의 진보적 운동과 뉴딜 개혁을 통한 합의를 바탕으로 한다.

이런 주류 경제학의 기본 입장에 대해서 적어도 두 가지 의문이나 문제를 제기할 수 있을 것이다. 먼저, 사회후생을 극대화한다는 것이 자원 배분의 궁극적 목적으로 적합하냐는 문제를 제기할 수 있다. 앞서 설명했듯이, 사회후생은 자원 배분에서 발생하는 소비자잉여와 생산자잉여의 총합을 의미한다. 그런데 사회후생이라는 총합이 좀 낮아져도 이런 잉여의 배분이 더 균등하게 이뤄지는 게 보다 바람직하다는 주장도 제기할 수 있다.

주류 경제학은 이런 상태가 더 바람직하다는 사회적 합의가 있으면 조세와 보조금 같은 수단을 동원해 재분배를 달성할 수 있다고 주장할 것이다. 물론 이런 재분배에는 경제적 비용이 따르기 마련이다. 그런데 시장을 통한 자원 배분 후 재분배라는 메커니즘보다 공산주의 체제에서처럼 정부가 보다 직접적인 자원 배분을 통해 이를 달성하는 것이 더 우월하다는 이론적, 실증적 근거가 아직 제시된 적은 없다. 적어도 공산주의 실험의 실패는 실증적으로 국가나 당이 시장을 대신해 자원배분을 결정하는 것이 훨씬 더 심각한 문제를 야기함을 보여 주었다.

둘째, 독일, 일본, 한국 등 제2차 세계대전 이후 급속히 성장한 국가들은 미국식 시장경제 모형을 따른 것이 아니라는 점이다. 독일은 은행이나 대형 보험사를 중심으로 하는 인적 네트워크를 통한 목표 조정과 국가대표 기업 육성에 성공한 사례이고, 일본과 한국은 정부가 주도적으로 산업정책을 통해 국가대표 기업을 육성하고 더 빠른 경제성장을 달성한 사례라고 할 수 있다. 즉, 시장 외적인 조정을 통해 더 높은 성장을 달성하는 제3의 방식이 보다 우월할 수 있다는 문제를 제기할 수 있다.

그런데 이들 사례에는 시장 외적인 조정이라는 점과 궁극적으로 투자에 대한 보조금을 지급하는 방식이라는 특징이 존재한다. 투자에 대한 보조금을 지급해서 더 빨리 성장할 수 있다는 것은 주류 경제학의 성장이론 중 하나인 내생적 성장이론의 함의이기도 하다. 따라서 이들 사례가 주류 경제학의 기본 가설과 근본적으로 달라야 한다면, 미국식 기업 소유지배구조 대신에 정부나 금융기관의 개입이나 감독을 통해 보다 직접적으로 경영자의 일탈을 방지하고 정책 목표 내지는 기업의 목표를 달성하도록 하는 게 더 효과적이어야 한다. 예를 들어, 박정희 개발 모형에서 기업 지배구조는 정부에 의한 군대식 명령과 통제라고 흔히 이야기한다. 즉, 정부가 목표를 기업에 하달하고 목표 달성 여부를 감독하여 이를 바탕으로 특혜를 주거나 불이익을 주는 통제를 말한다.

그러나 독일식 이해관계자 자본주의나 일본이나 한국의 개발체제 자체를 이론화하고, 이를 통해 이들 자본주의가 사회적으로 더 바람직한 상태를 달성하게 된다는 이론적 입증이 이뤄진 적은 필자가 알기로 아직 없다. 그런데 독일의 이해관계자 자본주의나 일본이나 한국의 개발체제 자체가 성과를 낼 수 있었던 산업 특성과 경제발전 단계에서는 이른바 경영자의 사익 추구를 통제하는 것이 더 용이했다는 점을 주목할 필요가 있다. 달리 말하자면, 잉여권리의 중요성이 상대적으로 덜한 상황이었다는 의미이기도 하다. 실제로 독일, 일본, 한국 등은 대규모 투자가 필요한 중화학공업과 숙련 노동이 중요한 산업 중심으로 발전했고, 상대적으로 자국보다 앞선 선도국가를 추격하는 입장이었기 때문에 어떤 산업을 육성할지에 대한 불확실성도 낮았다. 따라서 주주의 잉여권리 가치를 극대화하도록 경영자를 유인하는 데 방점을 두고 있는 미국식 기업 지배구조의 중요성이 상대적으로 낮았던 상황이었다고 말할 수 있다.

혁신경제와
주주 자본주의

1990년대부터는 정보통신 산업, 인터넷 관련 산업, 바이오 산업 등 혁신산업이 경제 전반의 생산성 향상을 주도하기 시작했는데, 중화학공업 산업 중심 경제에서 혁신경제로 이행하면서 누가, 무엇이 성공할지를 사전적으로 알기 어려운 불확실성이 훨씬 커졌다. 중화학공업 중심의 전통적 경제에서는 대규모 설비투자, 인적자본의 축적, 기존 기업의 생산공정 혁신이 경제성장을 견인하는 역할을 했고, 따라서 새로운 도전기업이 기존 기업을 그리고 새로운 제품이 기존 제품을 대체하는 이른바 창조적 파괴보다는 축적에 의한 성장이 이루어졌다. 성장과 성공의 공식이 보다 정형화된 이 시기에는 경영의 불확실성과 계약 가능하지 않은 상황도 역시 최소화될 수 있었다.

그러나 혁신경제로 이행하면서 도전기업이 기존 기업을 몰아내고 새로운 상품이 기존 상품을 대체하는 창조적 파괴가 일상화되기 시작했다. 예를 들어, 팩시밀리나 폴라로이드polaroid 카메라가 처음 도입되었을 때 이 새로운 제품들은 우리 생활에 큰 변화를 가져온 놀라운 혁신으로 받아들여졌고 이런 혁신제품을 시장에 도입한 기업들은 향후에 매우 높은 수익을 누릴 것이라고 쉽게 생각되기도 했다. 그러나 디지털 혁명이 급속히 진행되면서 팩시밀리는 스캐너에, 그리고 폴라로이드 카메라는 디지털 카메라에 의해 금방 대체되고 말았다. 이처럼 혁신경제에서는 기업 경영의 불확실성과 계약 가능하지 않은 상황이 더욱 증가하고, 결국 잉여권리 가치의 불확실성도 증가하게 된다.

미국에서 혁신산업이 성장하고 창조적 파괴를 지향하며 대전환이 일어나기 시작한 이즈음에, 일본과 독일 등 서유럽 국가들은 미국을 어느 정도 따라잡았고, 이에 추격형이 아닌 선도형 성장으로 전환해야 하는 시점이 되었다. 그러나 일본이나 서유럽 국가들은 이런 변화된 환경에 제대로 적응하지 못하면서 다시 미국에 뒤처지기 시작했다. 1995년부터 2000년 사이에 서유럽 국가의 경제성장률은 연 2% 미만인데 반해, 미국의 경제성장률은 연 3%로 성장 격차가 다시 확대되었고(Nicoletti and Scarpetta, 2003), 일본의 경우는 1990년대부터 잃어버린 30년을 경험하기 시작했다.

1990년대부터 독일이나 일본이 미국식 주주 자본주의를 점차적으로 수용하기 시작한 것은 혁신경제로 이행하려는 노력의 일환이라고 생각해 볼 수 있다. 잉여권리가 더욱 중요해진 혁신경제에서는 미국식 기업 소유구조와 지배구조가 더 바람직하다는 판단이 가능하다.

ESG와
주주 자본주의

21세기에 들어오면서 환경environment, 사회적 책임social responsibility, 기업 지배구조corporate governance와 같은 비재무적 가치를 중요시하는 ESG가 확산되면서, 주주 자본주의가 여전히 유효하거나 바람직한 것인가에 대한 의문 또한 제기되고 있다.

그런데 ESG를 강조하기 시작한 것은 다름 아닌 자산관리회사와 기관투자자들이었다. 이들 투자자들은 장기적으로 주식을 보유하는 가치투자자가 대부분인데, 엑슨 유조선의 원유 유출 사건,[6] 엔론의 회계 부정 사건,[7] 이 밖에도 아동 노동 착취나 남녀차별 문제 등으로 기업 가치 급락을 경험한 기관투자자들은 장기적인 관점에서 ESG를 통해 기업의 비재무적 위험을 관리하는 것이 필요하다고 판단한 것이다.

---

6   1989년 3월 24일 엑슨 발데즈(Exxon Valdez)라는 유조선이 알래스카에서 좌초되어 1천 1백만 갤런의 원유가 유출된 사건이다. 미국 역사상 최악의 환경재앙이라 불린다.
7   2001년 미국의 에너지 회사였던 엔론(Enron)의 도산을 야기한 분식 회계 사건이다.

ESG 관리가 단지 장기 투자자의 적극적 주주권 행사와 이에 호응하는 기업의 자발적 대응에만 그치는 것은 아니었다. ESG의 주요 내용들은 법제화를 통해서 강제되기도 한다. 최근에는 기후위기와 관련된 환경 문제가 더욱 중요해짐에 따라, 기업들의 자발적인 탄소중립과 RE100(재생에너지 100% 전환) 노력 외에도 각국 정부에 의한 기후 관련 공시 의무 부과, EU의 탄소국경조정제도 등의 국제공조 강화, 탄소세 부과를 위한 사실상 조약에 해당하는 기후클럽 논의 확대 등이 이루어지고 있다.

그런데 이런 ESG와 관련된 자발적 또는 비자발적 제약은 기업 경영자의 입장에서는 비재무적 제약과 감독의 강화로 받아들여질 수 있다. 물론 ESG 극대화를 기업 활동의 목적으로 상정하고 유인체계와 규제의 틀을 만드는 것도 생각해 볼 수 있다. 그러나 현재 ESG에 대한 접근은 최소한의 요건을 만족하도록 요구하는 비재무적 제약과 경영 감독의 강화에 더 가깝다. 따라서 이런 추가적인 제약이 잉여권리 가치를 최대화하도록 경영자를 유인한다는 주주 자본주의의 논리와 상충되는 것은 아니며, ESG 효과는 오히려 기존 경제학의 틀 속에서 보다 체계적으로 분석될 수 있다. 물론 ESG 극대화를 기업 활동의 목적으로 상정하고 유인체계와 규제의 틀을 만드는 것이 사회적으로 더 바람직하다고 생각할 수도 있을 것이다. 그러나 그런 생각이 이론화되고 입증되는 과정이 필요하고, 그래야만 주주 자본주의를 대체하는 경제체제로서 제시될 수 있다.

제3장

한국은
주주 자본주의의 나라인가

1.

한국 자본주의의 특성

재벌 중심 경제발전의 결과로, 한국 자본주의는 고도 성장기 발전국가론에 기초한 국가 자본주의에서 재벌 자본주의로 변질되었다.

한강의 기적이라고 불리는 한국의 경제발전은 '정부 주도-재벌 중심' 발전 전략의 결과였다. 정부 주도-재벌 중심의 박정희 개발체제는 가용한 희소 자원을 목표 산업에 집중적으로 투자해 빨리 쫓아가는 추격형 경제에 주효했다. 또 국내 금융시장이 발전하지 않았고 국내 기업의 신인도가 낮은 상황에서 정부가 국제 금융시장에서 차관 형식을 통해 직접적으로, 또는 산업은행을 통한 보증 방식으로 간접적으로 자본을 조달한 것은 금융시장의 미발달을 해결하는 데 도움이 되었다. 이렇게 조달한 자금으로 정부는 금융 지원과 산업정책을 함께 사용해 육성할 산업과 기업을 발굴 및 지원했다.

정부 지원을 받은 기업들은 미리 정해진 수출 실적을 달성해야만 더 큰 지원과 특혜를 받을 수 있었다. 박정희 정부 입장에서는 수출을 해서 달러를 벌어야만 외채를 상환할 수 있었기 때문에, 기업의 수출 실적은 기업 특혜 부여의 가장 중요한 기준이었다. 이런 보상체계는 궁극적으로 기업의 경쟁력 제고 노력을 유인했다. 수출 시장은 매우 경쟁적 시장이었고 따라서 효율적인 기업이 많은 수출 실적을 낼 수 있었기 때문이다.

한국 정부는 1970년대부터 본격적인 중화학공업 육성 정책을 시작했는데, 이는 대규모 투자를 필요로 했고 이에 대기업들이 형성되는 계기가 되었다. 그러나 중간재 시장이 제대로 형성되지 않은 상황에서, 최종재를 생산하는 대기업들은 수직계열화를 통해 중간재 시장의 미발달 문제를 해소하려고 노력했고, 이를 통해 대기업집단이 형성되기 시작했다. 재벌은 특정 가문 또는 자연인이 사실상 지배하는 대기업집단이라고 정의할 수 있는데, 1970년대 중화학공업 육성 정책으로 인해 한국 경제에서 큰 비중을 차지하는 기업집단이 본격적으로 형성되기 시작한 것이다.

이런 정부 주도-재벌 중심의 발전 전략을 채택한 박정희 개발체제는 국가 자본주의 발전국가 모형의 좋은 예시라고 할 수 있다. 사실 제2차 세계대전 이후에 외형상으로 비슷한 발전국가 전략과 정책을 채택했던 개발도상기 국가들이 상당히 많이 있었다. 그러나 이들 국가들 대부분은 저개발 상태를 벗어나 지속 가능한 성장을 달성하지 못했으며, 국가 자본주의라기보다는 크로니 자본주의crony capitalism에 가

까웠다. 영어로 크로니crony는 가까운 친구를 의미하는데, 크로니 자본주의는 개발도상국의 집권세력이 친인척이나 지지 세력에게 경제적 특혜를 나눠 주는 자본주의 체제를 의미한다.

그러면 박정희는 크로니 자본주의의 유혹에서 어떻게 벗어날 수 있었을까? 군사 쿠데타로 민주 정부를 전복하고 집권한 박정희는 정치적 정당성legitimacy 획득을 통해서 집권을 정당화하고 연장하려는 유인을 가졌을 것이다. 우리 사회의 기득권 출신도 아니고 부존자원이나 외국 원조를 이용해 자신의 크로니를 형성하는 것도 용이하지 않은 상황에서, 수출을 통한 경제발전은 '사실상 정치 엘리트de facto political elite'를 의미하는 '파워 엘리트power elite'였던 독재자 박정희가 선택할 수밖에 없었던 길이라고 추론해 볼 수 있다.

파워 엘리트로서
한국 재벌

1970년대 중화학공업 육성 정책 이후 수직계열화된 대기업집단들이 나타났고, 이들은 1980년대부터는 비관련 다각화로 계열사들을 더욱 늘리면서 덩치를 키웠다. 이와 함께, 1980년대 중반부터 1990년대 중반까지 기간 동안에 일어난 몇 가지 사건으로 인해 한국의 파워 엘리트는 군부를 기반으로 하는 정치 세력에서 재벌 또는 재벌 총수일가로 바뀌게 된다. 그러나 이 모든 변화는 재벌 중심 경제발전의 결과라고 할 수 있다.

1960년대 이후 정부 주도 경제발전에서 정치권력의 기업과 기업인들에 대한 가장 강력한 통제 수단은 금융 억압 또는 금융 특혜라고 할 수 있다. 그러나 경제성장의 결과로 금융자유화는 불가피했다. 결국 1980년대부터 시작되어 1990년대에 거의 완료된 금융자유화로 인해서, 정부의 금융 통제는 더 이상 재벌들에게는 통하지 않게 되었다. 재벌들은 해외 시장에서 자금을 조달할 수 있을 정도로 신인도를 쌓았고 또 비은행 금융기관인 보험사, 증권사, 단자회사 등을 통해 국내에서 자본 조달도 가능해졌기 때문이다.

또 다른 중요한 변화는 정치 민주화의 진전이었다. 1986년 대통령 직선제 도입과 1997년 여야 간 수평적 정권교체가 이뤄지면서, 군부에 기반한 정치 세력은 몰락했고 강압적인 수단을 통한 재벌 통제 역시 불가능해졌다. 오히려 정치권력은 바뀌어도, 경제권력인 재벌은 더 오래간다는 생각이 사회에 만연해졌다.

재벌 중심의 경제성장 결과로, 재벌들은 더 많은 경제 자원을 통제하고 이를 통해 정치계, 관계, 법조계, 언론계, 학계에 대한 영향력을 키웠으며, 결국 재벌 또는 재벌 총수일가의 이익을 사법적, 정치적, 정책적 의사 결정에 반영시킬 수 있게 되었다(박상인, 2022). 이런 현상은 흔히 '재벌공화국'이라는 용어로 표현되기도 한다. 즉, 재벌 또는 재벌 총수일가가 한국의 파워 엘리트가 된 것이다.

재벌 자본주의

현재 한국 자본주의는 매우 독특한 특징들을 지니고 있다. 이는 미국의 주주 자본주의, 독일의 이해관계자 자본주의, 일본식 자본주의,

스웨덴식 자본주의 등등 우리가 흔히 예시로 들 수 있는 자본주의 모형으로 설명되지 않는 특징들이 많다는 의미다. 따라서 한국 자본주의의 특성을 제대로 이해해야만, 잉여권리 가치를 최대화하는 기업 밸류업 정책이 왜 필요한지, 또 어떻게 설계되어야 하는지를 알 수 있게 된다.

한국 재벌 자본주의는 유형화된 자본주의와 비교해 보면 그 특이성이 더욱 분명하다. 자본주의를 기업 소유구조, 기업 지배구조, 자본시장과 투자자보호 제도 발달 정도, 정치가 경제권력을 통제하는 정치적 우월성political supremacy 등의 차원에서 비교해 보면 〈표 3〉과 같이 요약할 수 있다.

한국 자본주의의 기업 소유구조는 총수가 있는 대기업집단이라는 측면에서 스웨덴과 외형상 유사하다. 이에 반해, 일본이나 독일은 대

〈표 3〉 자본주의 유형화

	기존 4가지 유형				재벌 자본주의
	주주 자본주의	이해관계자 자본주의	네트워크 자본주의	사회 민주주의적 자본주의	
기업 소유구조	소유분산 모기업, 완전 자회사	은행 등 금융기관 중심의 상호출자	은행 등 금융기관 중심의 상호출자	가문이 사실상 지배하는 기업집단	가문이 사실상 지배하는 기업집단
기업 지배구조	기업 내외부 지배구조	이중 이사회	경영의 참호화 및 사내이사	사회적 거버넌스	황제경영
자본시장과 투자자보호	높음	중간	낮음	중간	낮음
정치적 우월성	중간	중간	중간	높음	낮음
대표적 사례	미국	독일	일본 (1960~1990)	스웨덴	한국, 중남미

기업집단이 존재해도 총수는 없다. 그런데 한국의 경우에는 사실상 총수가 전횡을 해도 형식적 기업 지배구조가 작동하지 않는 이른바 '황제경영'이 횡행한다. 그러나 스웨덴은 법의 지배력, 언론의 독립성, 관료에 대한 신뢰가 매우 높아서 기업 비리나 범죄에 대한 사회적 감시와 제재가 잘 이뤄지는 이른바 사회적 거버넌스social governance가 작동하고 있다. 한국과 스웨덴의 이런 차이는 근본적으로 정치권력이 독립성을 유지하면서 경제권력을 통제하는 정치적 우월성에 의해 설명될 수 있다(Hogfeldt, 2005). 스웨덴은 노동조합에 기반한 사회민주당이 1930년대부터 지속적으로 집권하면서 이런 대기업집단을 통제할 수 있다는 것이다. 이에 반해 한국은 1997년 경제위기 이후에 오히려 재벌이 사실상 파워 엘리트가 되었다.

재벌은 제조업과 비은행 금융 부문에서 독과점을 형성하고, 중간재 시장에서는 수요독점에 기반한 전속적 하청구조와 계열사 간 거래를 유지하고 있다. 이로 인해 노동시장은 원하청 단계로 그리고 정규직과 비정규직으로 분절되었다. Schneider(2013)는 생산자 잉여의 배분이라는 관점에서 자본주의를 자유 시장경제liberal market economies, 조정 시장경제coordinated market economies, 네트워크 시장경제network market economies, 계층적 시장경제hierarchical market economies 등으로 분류했는데, 자유 시장경제는 이런 생산자 잉여의 배분이 주로 시장에 의해서 결정되는데 반해, 나머지 세 체제에서는 비시장적 의사 결정이 중요하다는 것이다. 예를 들어, 독일로 대표되는 조정 시장경제에서는 노사 간 합의가 중요하고, 일본으로 대표되는 네트워크 시장경제에서는 비공식적이고 비시장적인 신뢰나 상호존중과 같은 관계가 중요하며, 라틴 아메리카의 계층적 시장경제에서는 공급망에서 계층적 지위가 중요하다는 것이다. 한국 재벌 자본주의는 대기업의 경우에는 독일식 노사 협의가 중요하나 하청구조에서는 라틴 아메리카와 같이 공급망에서의 계층적 지위가 보다 많은 것을 결정한다.

생산자 잉여 배분에서 공급망에서의 계층적 지위가 중요해진 것은 1997년 경제위기 이후이다. 1997년 경제위기 이후에 이른바 빅딜 정책은 산업의 독점화 및 수요 독점화를 촉진했다. 자동차 산업의 경우 현대자동차가 기아자동차를 인수하고, 삼성자동차, 대우자동차, 쌍용자동차 등 나머지 3사는 외국계 기업에 인수되어 국내 시장은 사실상 현대기아차의 독점 체제로 바뀌었다. 국내 시장의 70~80%를 현대기아차가 차지하면서 자동차 부품 하청구조는 수요독점 및 전속 계약 관계가 굳어지게 되었는데, 전속 계약이 반복되면서 원청기업은 하청기업들의 원가 구조를 파악할 수 있게 되었고 하청기업들은 전속 계약에서 제외되면 생존이 사실상 불가능해졌다.

따라서 전속 계약 관계에서 단가 후려치기가 지속적으로 발생하고, 기술 탈취가 일어나게 되었다. 그런데 하청업체가 공식적으로 문제를 제기하거나 소송을 제기하는 사례는 드물다. 공식적인 문제 제기로 거래가 끊기는 보복이 두렵기 때문에, 기술 탈취로 인해 망하고 나서 잃을 게 없을 때에야 문제 제기를 하는 것이다. 이처럼 기술 탈취와 단가 후려치기가 만연하기에 중간재 제조업에서는 혁신이 일어나지 못하고 대기업과 중소기업의 수익률과 임금에 격차가 더욱 커진다. 따라서 현재 한국 자본주의를 재벌 자본주의라고 명명할 수 있다.

2.

재벌 기업의 소유지배구조

한국 재벌 총수일가는 기업집단 지배에 필요한 핵심기업을 지배하고, 계열사 간 출자를 이용해 전체 기업집단을 지배하면서 황제경영을 한다.

한국 재벌 총수일가는 기업집단 전체 지분의 약 3.6% 정도로 기업 집단 전체를 사실상 지배하고 경영을 좌지우지하고 있다(공정거래위 원회, 2024). 이처럼 적은 지분과 자본으로 대기업집단을 장악할 수 있는 것은 계열사 간의 출자를 활용할 수 있기 때문이고, 다른 한편으로는 이런 출자구조가 법으로 허용되고 있기 때문이다.

1986년 공정거래법 제1차 개정 시에 도입된 경제력 집중 억제 규제 는 지주회사의 설립 및 전환을 금지하고, 대기업집단 소속 회사에 대 하여 계열회사 간 상호출자를 금지하며, 자기 순자산의 40%를 초과하여 국내 다른 회사의 주식을 취득할 수 없도록 하고, 금융·보험사가 취득 또는 소유 중인 국내 계열회사 주식의 의결권 행사를 금지하였다.

그러나 상호출자 금지를 우회하기 위해서 재벌들은 간접적 상호출자인 순환출자를 형성하면서 기업집단의 규모를 키우기 시작했고, 1997년 외환위기 이후 기업 구조조정이 추진되면서 지주회사제도가 구조조정에 효율적이며 투명한 기업구조 정착에 기여할 수 있다는 점이 부각되었다. 1999년에는 순환출자 구조 기업집단들을 지주회사체제로 전환하도록 유인한다는 취지로, 종래 금지되었던 지주회사의 설립 및 전환을 허용했다. 또 지주회사를 통한 경제력 집중을 방지하기 위해서, 공정거래법은 지주회사의 부채 비율 제한, 비계열회사 주식 소유 제한, 자회사 외의 계열회사 주식 소유 금지, 금융 지주회사의 비금융회사 주식 소유 금지 및 일반 지주회사의 금융회사 주식 소유 금지 등의 행위 제한 규정을 두었다.

그런데 지주회사 설립 또는 전환이 법적으로 허용된 이후에도 지주회사를 설립하거나 지주회사로 전환하는 기업집단이 많지 않자, 정부는 2007년 지주회사의 설립 및 전환을 촉진하고 재벌의 단순 투명한 소유지배구조 정착을 유도한다는 명목으로 지주회사 규제를 상당히 완화하였다.[8] 이후 지주회사체제로 전환한 재벌들이 급격히 늘어났으나, 완화된 규제와 그 밖의 여러 제도적 허점 때문에 지주회사제도 도

---

8   2007년 법 개정으로 지주회사의 부채비율 한도가 100%에서 200%로 완화되었으며, 지주회사로 하여금 자회사가 상장회사일 경우에는 30%, 비상장회사일 경우에는 50% 이상의 지분을 보유하도록 했던 규정도 각각 20%와 40%로 완화되었다.

입 당시 기대했던 기업집단의 소유구조 개선 효과는 제한적이었고, 지주회사를 이용한 총수일가의 과도한 지배력 확대 등과 같은 부작용이 커지고 있다(김주현·박상인, 2021).

그럼에도 불구하고, 지주회사에 대한 규제는 2020년 공정거래법 전부개정으로 다시 한번 완화되었다. 일반지주회사의 기업형벤처캐피털corporate venture capital 소유를 허용하는 제20조(일반지주회사의 금융회사 주식 소유 제한에 관한 특례)가 신설됨으로써, 지주회사 규제의 근간 중 하나인 금산분리 원칙에 예외가 도입된 것이다.

소유지배구조

2024년판『공정거래백서』에 따르면, 2023년 말 기준으로 자산총액 합계 5조 원 이상인 82개 공시대상기업집단 중에서 43개 집단이 지주회사체제를 따르고 4개 집단이 여전히 순환출자를 유지하고 있다. 48개 상호출자제한기업집단[9] 중에서는 25개 집단이 지주회사체제를 따르고 1개 집단(현대자동차)이 순환출자를 유지 중이다. 대표적인 지주회사체제 재벌은 SK그룹과 LG그룹이고, 순환출자 고리는 모두 끊었으나 지주회사체제로 전환하지 않은 재벌은 삼성그룹이다.

〈표 4〉는 2024년 기준 10대 재벌의 소유구조와 계열사 현황을 보여주고 있다. 10대 재벌 중에서 여섯 개 재벌이 주력회사가 지주회사인

---

9   상호출자제한기업집단의 기준이 되는 자산규모는 자산총액 합계 10조 원 이상이었으나, 2020년 12월 공정거래법 전면 개정으로 2024년부터는 국내총생산의 0.5% 이상으로 변경되었다.

〈표 4〉 10대 재벌의 소유지배구조 및 계열사 현황(2024. 기준)

| 순위 | 재벌 | 소유지배구조유형 | 계열사 수(개, %) | | | | | | 자산총액(십억 원) | | | 매출액(십억 원, %) | | |
| | | | 금융 구분 | | 상장 구분 | | 총 계열사 수 | | | | | | | |
			금융 (비율)	비금융 (비율)	상장 (비율)	비상장 (비율)		금융	비금융	계	매출액	비금융 계열사 매출액	GDP대비 매출액 비중
1	삼성	기타	16 (25.4)	47 (74.6)	17 (27.0)	46 (73.0)	63	497,130	448,713	945,843	358,916	294,961	14.9
2	에스케이	지주회사	0 (0)	219 (100)	21 (9.6)	198 (90.4)	219	334,360	0	334,360	200,962	200,962	8.4
3	현대자동차	순환출자	5 (7.1)	65 (92.9)	12 (17.1)	58 (82.9)	70	269,043	85,808	354,852	285,234	274,741	11.9
4	엘지	지주회사	0 (0)	60 (100)	11 (18.3)	49 (81.7)	60	177,903	0	177,903	135,401	135,401	5.6
5	롯데	지주회사	3 (3.1)	93 (96.9)	11 (11.5)	85 (88.5)	96	128,093	9,881	137,974	67,651	66,518	2.8
6	한화	기타	12 (11.1)	96 (88.9)	11 (10.2)	97 (89.8)	108	93,342	149,983	243,326	72,664	49,188	3.0
7	HD현대	지주회사	0 (0)	29 (100)	9 (31.0)	20 (69.0)	29	84,792	0	84,792	70,764	70,764	2.9
8	지에스	지주회사	3 (3.0)	96 (97.0)	7 (7.1)	92 (92.9)	99	80,791	32	80,824	84,338	84,329	3.5
9	신세계	기타	2 (3.8)	51 (96.2)	7 (13.2)	46 (86.8)	53	61,741	310	62,052	36,609	36,604	1.5
10	씨제이	지주회사	1 (1.4)	72 (98.6)	9 (12.3)	64 (87.7)	73	39,833	23	39,856	31,174	31,166	1.3

계열사 수 및 소유지배구조조는 24년 5월 지정일 기준, 자산총액 및 매출액은 23년 12월 말 기준(출처: 공정거래위원회)
GDP는 명목GDP(잠정임: 2,401,189십억 원(출처: 한국은행)

지주회사체제를 갖추고 있다. 그리고 현대차그룹만 아직 순환출자를 완전히 해소하지 않았다. 삼성그룹을 포함한 나머지 세 개 재벌은 순환출자는 없으나 지주회사체제도 아닌 경우인데, 특히 삼성그룹과 한화그룹은 금융회사와 비금융회사를 동시에 보유하고 있어 지주회사제도의 금산분리 규정 때문에 지주회사체제로 전환을 하지 않고 있다고 판단된다.

이들의 계열사 현황을 보면, 10대 재벌 중에서 세 기업집단만이 금융·보험 계열사를 보유하지 않고 있으며, 삼성그룹과 한화그룹은 이스라엘식 기준으로 볼 때 주요 금융회사인 삼성생명과 한화생명을 보유하고 있다. 이스라엘과 한국 재벌의 소유구조에서 가장 크게 다른 점은, 한국은 이미 은산분리와 지주회사체제하에서 금산분리를 규제하고 있는 데 반해, 이스라엘 재벌은 금산복합 지주회사체제로 형성되었다는 점이다. 한화그룹은 향후 3세 승계 과정에서 형제간의 계열분리로 자연스럽게 금산분리가 이뤄질 것으로 예상됨을 전제할 때, 결국 이스라엘식의 주요 금융회사와 주요 비금융회사의 분리 제도를 한국에 도입할 경우 삼성그룹에만 영향이 미칠 것이라고 볼 수 있다.

황제경영

기업집단 지배에 핵심기업을 사실상 통제할 수준의 지분을 보유한 재벌 총수일가는 계열사 간 출자관계를 이용해 황제경영을 하고 있다. 2024년판 『공정거래백서』에 의하면, 2023년 5월 기준으로 82개 공시대상기업집단 중 총수가 있는 72개 재벌에서 총수일가의 지분은 평균 3.6%에 불과하나, 계열사 지분, 비영리법인 지분, 자사주를 포함해 총수일가가 사실상 행사하는 내부지분율은 무려 61.2%에 달한다. 이런 기업 소유구조하에서 재벌 총수가 사실상 계열사의 사외이사를 임명할 수 있고, 따라서 사외이사 제도, 이사회 의결권 범위 확대 등 기업 내부 지배구조는 작동하지 않게 된다. 그뿐만 아니라, 기업 외부 지배구조로서 재벌 계열사에 대한 적대적 M&A는 사실상 전무한 실정이다.

이와 함께, 주주대표소송이나 증권 집단소송 등의 소송 제도도 도입되어 있으나 실제 소송이 이뤄지는 경우는 드물다. 경제개혁연구소에 따르면(이승희, 2018), 1997년부터 2017년 사이에 법원 판결이 내려진 주주대표소송은 총 137건으로 1년에 6.5건에 불과하고, 137건 중에서도 상장회사에 대한 주주대표소송은 47건에 불과했다. 소송에서 이겨도 보상이 주주들에게 직접 주어지는 것이 아니라 회사에 귀속되기에 주주대표소송을 할 유인이 매우 낮은 현실을 반영하는 것이다.

한편, 재벌 대기업의 1대 주주는 국민연금인 경우가 많지만, 국민연금은 기관투자자로서 적극적인 역할을 수행하지 않고 있다. 외국계 기관투자자들은 재벌 대기업의 지분을 3% 이상 보유하는 경우가 드물며, 재무적 투자자로만 머무르고 있다.

결국 미국식 기업 내부와 외부의 지배구조 기제가 한국 재벌체제에서는 작동하지 않기 때문에 총수일가의 전횡과 황제경영이 가능한 것이다. 아시아 기업 지배구조 협회ACGA의 보고서 「CG Watch 2023」에 따르면, 한국의 기업 지배구조 종합 점수는 57.1로 호주를 포함한 아시아 12개국 중 8위를 기록했다. 대만(62.8), 말레이시아(64.5), 인도(59.4)

보다 낮고, 태국(53.9), 중국(43.7), 필리핀(37.6), 인도네시아(35.7)만이 한국보다 점수가 낮다. 1997년 경제위기 이후에 도입된 미국식 기업 지배구조 기제가 제대로 작동하지 않는 것은 역설적으로 기업 지배구조 기제의 작동을 위해서 재벌의 소유구조 개혁이 필요함을 보여 주는 것이다.

3.

재벌 기업의 사익편취

주요 계열사에만 높은 지분을 지닌 총수일가는 다른 계열사와의 거래와 개별 계열사에서 자신들의 보수나 자사주를 활용해 사익편취를 추구하고 있다.

앞 절에서 살펴보았듯이, 총수일가는 기업집단을 지배하고 통제하는 데 핵심적인 역할을 하는 기업에만 높은 지분을 가지고 있다. 2024년 5월 기준으로 삼성그룹의 경우에 이재용 회장이 10% 이상의 지분을 보유한 계열사는 삼성물산(18.9%)과 삼성생명(10.44%)에 불과하고 나머지 계열사에 보유한 지분은 미미하다.[10] SK그룹의 경우에도 최태원 회장은 총 219개의 국내 계열사 중에서 (주)SK 지분 17.59%와 SK실트

10   삼성전자에 대한 이재용 회장의 지분은 1.44%에 불과하다.

론(주) 지분 29.4%[11] 외에는 거의 지분이 없다.

이와 같은 총수일가의 계열사 지분의 극단적 차이는 계열사 간 거래를 이용해 총수일가가 사익을 추구할 강력한 유인이 된다. 이런 현상을 터널링tunneling이라고 부르는데, 총수일가의 배당청구권cash flow right이[12] 낮은 계열사가 수행할 수 있는 경영활동을 배당청구권이 높은 계열사로 이전하거나 계열사 간 거래에서 배당청구권이 높은 계열사에 더 유리하게 거래하는 행위를 의미한다. 즉, 기업 경영이 자기 회사의 잉여권리 가치를 최대화하는 것이 아니라 특정 기업의 이익을 극대화하기 위해 자신의 기업 가치를 훼손하게 된다. 따라서 터널링의 발생은 주주 자본주의를 정면으로 위배하는 것이고, 코리아 디스카운트가 발생하는 주요 원인 중 하나이다.

총수일가는 자신의 배당청구권이 낮은 기업의 소수주주들을 터널링을 통해 착취할 수 있을 뿐만 아니라, 배당청구권이 높은 기업을 포함한 전체 개별 계열사에서 소수주주를 보다 직접적으로 착취할 수도 있다. 총수일가가 높은 보수와 퇴직금을 챙기는 것이 이런 대표적 사례인데, 사실 높은 보수를 이용한 사익편취 문제는 이스라엘에서 이미 다뤄진 바 있다. 또한 총수일가가 주주 모두의 비례적 비용으로 사들인 자사주를 자신들의 경영권 확대에 사용하는 것도 이런 사례에

---

11 증권사와의 TRS(Total Return Swap) 거래를 통해 보유하게 된 지분이다.

12 배당청구권은 직접 지분율과 다른 회사를 통한 간접 지분율의 총합이다. 예를 들어, 대주주의 기업 A 지분율이 50%이고, 이 대주주와 기업 A가 기업 B의 지분을 각각 10%와 40%를 보유한다면, 이때 대주주의 기업 A에 대한 배당청구권은 50%이고 기업 B에 대한 배당청구권은 직접 지분율 10%와 간접 지분율 20%(=50%×40%)의 합인 30%가 된다.

해당한다.

일감 몰아주기와
상표권 거래를 통한 사익편취

일감 몰아주기는 총수일가의 배당청구권이 낮은 계열사가 수행할 수 있는 경영활동을 배당청구권이 높은 계열사로 이전함으로써 발생하는 대표적인 사익편취이다. 그런데 사익편취를 위한 일감 몰아주기에서는 총수일가의 배당청구권이 높은 기업에게 거래조건을 더 좋게 설정하지 않아도 여전히 총수일가의 사익편취가 가능하다. 터널링은 총수일가의 배당청구권 차이에서 발생하기 때문에 정상적인 거래조건에서도 일어나는 것이다. 따라서 사익편취를 위한 일감 몰아주기는 불공정거래의 한 유형으로서 일감 몰아주기와 위법성 요건이 달라야 한다.

재벌 계열사 간의 일감 몰아주기를 통한 총수일가의 사익편취 규제는 2012년 대선에서도 주요 공약 중 하나였다. 여야 대선 후보 모두 이에 대한 규제를 공약했는데, 그 결과로 2013년 8월 공정거래법에 '제23조의2'(현재 제47조)가 기존의 불공정거래로서 일감 몰아주기와 분리되어 새로이 도입되었다. 그런데 제23조의2가 "다음 각 호의 어느 하나에 해당하는 행위를 통하여 특수관계인에게 부당한 이익을 귀속시키는 행위를 하여서는 아니 된다"라고 규정함으로써 '부당한 이익'의 해석을 둘러싼 논란이 제기되었다. 사익편취를 위한 일감 몰아주기 첫 사례였던 대한항공 사건에서 고등법원은 총수일가의 사익편취

금지 규정을 적용할 때도 부당지원행위 규제와 마찬가지로 부당성 요건이 충족되어야 하며, 다만 그 판단 기준은 기존 부당지원행위 규제의 공정거래저해성이 아닌 경제력 집중이어야 한다고 판시하면서, 공정거래위원회가 이러한 부당성 입증에 실패하였다고 보아 결국 공정거래위원회의 패소를 선고하였다. 이후 사익편취를 위한 일감 몰아주기는 여전히 제대로 규제되고 있지 않고 있다.

사익편취를 위한 일감 몰아주기와 달리, 계열사 간 거래에서 배당청구권이 높은 계열사에게 더 유리하게 거래해야만 사익편취가 발생한다고 판단할 수 있는 경우도 있다. 대표적인 것이 총수일가의 지분이 높은 계열사에 다른 계열사들이 상표권이나 경영 컨설팅 수수료를 지불하면서 대가를 지나치게 높게 책정하는 경우이다. 최근 상표권이나 수수료를 이용한 사익편취가 만연해지고 있다는 우려에도 불구하고, 이들에 대한 규제는 사실상 현행 법제도에서는 불가능하다. 상표권이나 경영 컨설팅 수수료의 정상적인 가격 선정이 어렵다는 실무적인 이유 외에도 현행 공정거래법에서는 위법성을 인정하기 어렵다.

높은 보수와 퇴직금을 활용한 사익편취

총수일가가 계열사 임원을 지나치게 많이 겸직하거나 급여 및 퇴직금을 지나치게 높게 받는 행위도 최근에 언론에서 부쩍 많이 보도되고 있는 사익편취 유형이다. 총수일가가 배당청구권이 낮은 기업의 소수주주들을 계열사 간 거래를 통해 착취하는 것과 달리, 개별 계열사에서 소수주주를 보다 직접적으로 착취하는 경우라고 할 수 있다.

예를 들어(박상인, 2022), 코로나19 대유행으로 인한 순환 휴직 등으로 대한항공 사원들의 급여가 2020년에 전년 대비 평균 15% 감소한 것과 대조적으로, 한진그룹 조원태 회장의 2020년 보수는 전년 대비 40%가 늘어났다. 또 호텔신라의 경우도 2020년에 매출은 3조 1,881억 원으로 전년 대비 44.2% 감소했고 영업손실은 1,853억 원이었다. 호텔신라 직원들의 연봉은 평균 15.3% 삭감되었으나, 이부진 사장의 연봉은 급여 11억 8,400만 원과 상여금 37억여 원 등 모두 48억 9,000여만 원으로 전년보다 무려 52.6%나 증가했다.

재벌 총수일가에게 지나치게 관대한 퇴직금도 계속 논란이다(박상인, 2022). 재벌 총수들의 퇴직금이 엄청난 것은 퇴직금 적립 배수가 높기 때문인데, 평사원의 경우 해마다 1개월 치 급여가 퇴직금으로 적립되는 반면에 총수들은 월평균 급여의 3~6배로 적립받고 있다. 그 결과, 2018년에는 이웅열 전 코오롱그룹 회장이 퇴직금을 포함해 모두 455억 원의 보수를 받아 논란이 일었다. 2019년 4월 별세한, 조원태 한진그룹 회장의 부친인 고 조양호 회장도 대한항공과 한진칼 등 5개 계열사로부터 퇴직금 647억 원을 지급받았다. 또한 2020년에 허창수 GS 명예회장은 퇴직금 97억 원을 포함해 159억 원의 보수를 받았다. 그뿐만이 아니다. 회삿돈 49억 원을 횡령해 실형을 받은 전인장 삼양식품 전 회장은 2020년에 퇴직금만으로 141억 원을 받았다.

주주 자본주의가 제대로 작동된다면, 이들 기업의 이사회와 경영자가 이런 과다한 급여나 퇴직금을 지급하지 않는 것이 당연하다. 그러나 이른바 황제경영으로 특징되는 재벌 기업들의 기업 지배구조에서는 기업의 소수주주에게 피해를 주고 기업의 이익에 반하는 이런 행위가 제어될 수 없다.

자사주를 활용한
사익편취

자사주는 상장기업이 자본시장에서 발행한 자사의 주식들로서 다시 사들인 주식을 의미한다. 주주 자본주의가 제대로 작동될 때 자사주 매입은 회사 경영자가 자사의 주가가 시장에서 낮게 평가되어 있음을 알리는 신호 역할을 한다. 따라서 자사주는 매각 후 소각하는 것이 일반적인데, 기존 주주가 부담하는 자사주 매입 비용보다 주당 주식 가격 상승에서 오는 편익이 더 크다면 이는 주주 자본주의에서 합리적 선택이 된다.

그런데 한국 재벌체제에서는 자사주가 총수일가의 기업에 대한 지배권을 강화하는 수단으로 악용되고 있다. 자사주 매입 비용은 모든 주주가 분담하는 것인데도 불구하고, 자사주가 소각되지 않고 재벌 총수의 기업에 대한 지배권을 강화하는 데 사용됨으로써 사익편취의 한 유형이 된 것이다. 예를 들어, 2024년 5월 기준으로 최태원 회장과 그 친족의 SK그룹 지주회사인 (주)SK 지분은 각각 17.73%, 6.72%로 총수일가의 지분이 24.45%이다. 그런데 (주)SK의 자사주 지분이 총수일가 지분보다 더 많은 25.32%인 것이다. 최 회장이 사실상 SK그룹 전체를 지배하는 데 가장 중요한 것은 총수일가의 주식이 아니라 자사주인 셈이다. 이런 현실을 반영해 공정거래위원회는 총수가 사실상 통제하는 지분이라는 의미의 내부지분율(또는 동일인 측 합계 지분)에 자사주를 포함하고 있다. 자사주는 그 자체로는 주주총회에서 의결권이 없다. 그러나 자사주의 의결권을 되살려서 총수일가가 활용할 수 있다. 이렇게 자사주의 의결권을 되살리는 것을 '자사주의 마법'이라고 부른다.

자사주의 의결권을 살리는 방법은 크게 두 가지가 있다. 하나는 우호세력에게 자사주를 넘겨주고 '백기사' 역할을 맡기는 것이고, 또 다른 하나는 기업을 인적 분할할 때 분할 이전 기업의 자사주를 분할 이후 특정 기업에 몰아줌으로써 분할 이후 이 특정 기업이 다른 피분할 기업에 대한 지배력을 확보하도록 하는 것이다. 사실 SK그룹 최태원 회장은 '자사주의 마법'의 달인이라고 할 수 있다. 2003년 외국계 자본인 소버린이 (주)SK 지분 14.99%를 보유하고 최태원 회장을 경영에서 물러나게 하려고 하자, (주)SK는 자사주를 신한은행, 하나은행, 산업은행 등에 매각해 주주총회에서 최 회장 해임안을 부결시켰다. 이른바 소버린 사태를 경험한 최 회장은 (주)SK에 대한 지배를 강화하기 위해서 (주)SK를 인적 분할한 이후에 지주회사로 전환하였다. 이를 통해 최 회장의 SK C&C를 통한 (주)SK 지분율은 11.16%에서 25.42%로 급증했다. 이후 수많은 기업들이 유사한 행태를 보이고 있고,[13] 자사주 문제가 기업 밸류업 프로그램의 쟁점이 되고 있는 실정이다.

---

13 2008년 12월, 국민은행과 포스코가 3천억 원 규모의 자기주식을 맞교환했는데, 국민은행은 지주회사 전환 과정에서 확보한 KB금융지주 지분이 있었지만 모회사 주식은 자기자본으로 인정되지 않아 포스코 주식과 맞교환한 것이다. 타사 주식은 투자유가증권으로 분류돼 자

기자본으로 인정되기 때문에 국민은행은 국제결제은행(BIS) 기준 자기자본비율을 0.2%p 올리게 됐다. 또한 2015년 삼성물산과 제일모직의 합병 결의안 주주총회 통과를 위해 삼성물산이 보유한 자기주식을 KCC에 매각해 우호세력을 확보한 사례도 있다. 이 외에도 KT&G가 신한은행에 자사주를 매각한 사례, 효성이 대한항공에 자사주를 매각한 사례, KT가 현대자동차에 자사주를 매각한 사례 등을 들 수 있다.

4. 계열사 간 합병을 통한 사익편취

총수일가의 배당청구권 차이를 이용한 사익편취는 계열사 간 합병을 통해서도 발생하는데, 이런 사례가 최근 빈번히 발생하고 있다.

총수일가의 배당청구권 차이를 이용한 사익편취는 계열사 간 합병을 통해서도 발생한다. 총수일가가 배당청구권을 많이 가진 기업의 합병 비율을 유리하게 정함으로써 배당청구권이 낮은 기업의 주주에 대한 사익편취가 일어나는데, 삼성물산과 제일모직 합병 사건 이후 유사한 사례가 최근 빈번히 발생하고 있다.

고 이건희 회장에서 현 이재용 회장으로 세습을 완결하는 과정에서 가장 핵심적인 내용은 제일모직과 삼성물산의 합병이었다(박상인, 2022). 이 당시에 삼성에버랜드가 (구) 제일모직의 일부를 인수한 이후에 사명을 제일모직으로 변경한 상태였으므로, 제일모직은 사실상 삼성에버랜드였다. 그런데 삼성물산은 삼성전자의 주식 4.06%를 갖고 있었지만, 제일모직은 삼성전자의 주식이 없었다. 따라서 삼성생명 다음으로 삼성전자 주식을 가장 많이 보유하고 있던 삼성물산을 이재용의 직접적인 지배하에 있던 제일모직에 둘 필요가 있었다. 또한 합병 시 기업규모가 커져서 제일모직의 일감 몰아주기 과세 문제도 해결할 수 있었던 것이다.

2015년 7월 합병 당시, 제일모직 주식 중 총수일가의 보유분은 이재용 23.23%, 이건희 3.44%, 이부진, 이서현 각각 7.74%씩 총 42.15%였지만, 삼성물산 주식은 이건희 회장이 1.37%만 보유하고 있었다. 따라서 총수일가는 제일모직의 합병 비율이 유리하게 결정되면 상당한 이익을 볼 수 있는 상황이었고, 이 이익은 삼성물산 소수주주의 손실을 의미하는 것이었다.

제일모직과 삼성물산 두 기업의 합병 비율은 이사회에서 삼성물산 주식 1주당 제일모직 주식 0.35주로 의결되었다. '자본시장법 시행령'에서는 이사회가 의결하기 이전, 일정 기간의 주식 종가를 의결일에 근접할수록 가중치를 높게 부여하는 방식으로 가중 평균해 합병 비율을 계산하도록 규정하고 있는데, 삼성은 합병 비율이 이 기준을 충족했다는 것이다.

그러나 이는 제일모직 주주에게 너무 유리하게 정해진 비정상적 합병 비율이라는 비판이 국내외에서 쏟아졌다. 자본시장법 관련 규정은 합병 대상 기업의 이사회가 각 회사의 주주 이익을 극대화시키기 위해 충실히 합병 협상을 할 것이라는 가정을 깔고 있다. 그런데 이런 가

제3장 한국은 주주 자본주의의 나라인가

정은 동일한 총수에 의해 지배되는 재벌 계열사 간에는 성립되지 않는다.

양 기업의 이사들은 총수일가의 이익을 극대화하기 위해 삼성물산 주가가 제일모직 주가에 비해 최저치로 내려간 시점을 합병 비율 산정의 기준일로 선택했고, 합병 비율 산정 시기에 삼성물산의 주가를 의도적으로 저평가되도록 한 정황마저 발견되었다. 실제로 합병에 반대한 주주들이 청구한 주식 매수 가격 결정 판결에서 서울고등법원은 1 대 0.414를 적정 비율로 제시한 바 있고, 국민연금도 내부적으로는 적정한 합병 비율이 1 대 0.46이라고 평가하고 있었다. 세계 최대 의결권 자문기관인 ISS는 삼성물산의 주식 가치를 네 배 정도 더 높이 평가해 1 대 1.21을 적정 합병 비율로 분석하기도 했다.

결국 자본시장법상 부정거래행위 및 시세조정, 업무상 배임 혐의와 분식회계 혐의로 이재용 삼성전자 회장, 최지성 전 미래전략실장, 김종중 전 미래전략실 전략팀장 등이 불구속 기소됐고, 1심에서 무죄를 선고받았으나 현재 항소심이 진행 중이다. 한편 2018년에는 헤지펀드 엘리엇 매니지먼트가 2015년 삼성물산과 제일모직의 합병 승인 과정에서 복지부와 국민연금공단 등이 투표 찬성 압력을 행사해 손해를 봤다며 정부를 상대로 약 1조 원 규모(7억 7천만 달러)의 배상을 요구했고, 2023년 6월 국제중재판정소ISDS는 한국 정부가 엘리엇이 요구한 배상액 중 690억 원과 지연이자, 법률비용 등 약 1,300억 원을 배상하라고 판정했다.

현대모비스와 현대글로비스의
분할합병 추진

2018년 봄에 현대자동차그룹은 현대모비스와 현대글로비스의 분할합병을 추진했다. 현대모비스와 현대글로비스의 분할합병안은 현대모비스의 모듈 및 AS부품 사업부를 인적 분할하여 현대글로비스와 합병하는 방안으로, 분할합병안의 핵심인 현대모비스 분할 사업 부문과 현대글로비스의 합병 비율은 0.61 대 1로 결정됐다. 분할합병 이후에 총수일가는 합병한 현대글로비스 지분을 기아자동차에 매각하고, 그 대금으로 기아자동차, 현대글로비스, 현대제철 각 사가 보유한 현대모비스 지분을 매입함으로써 정의선의 세습을 완성하는 계획이었던 것이다.

비상장회사가 되는 현대모비스 분할 사업 부문과 상장회사인 현대글로비스의 합병 비율은 전문 회계법인이 자본시장법에 준거, 각각 본질가치 및 기준 주가를 반영해 산정했다고 현대자동차그룹은 발표했다. 그러나 이 분할합병 비율도 정의선에게 유리하고 현대모비스 소수주주들에게는 불리한 수치라는 비판이 거세게 제기되었다.

결국 합병 비율에 대한 논란으로 현대자동차그룹은 현대모비스와 현대글로비스의 분할합병안을 포기하게 되었다. 제일모직-삼성물산 합병 비율에 대한 문제 제기와 이를 둘러싼 주가조작 및 분식회계 수사가 진행 중이라는 사실이 정의선에게 부담이 되었을 뿐만 아니라, 실제 현대모비스 주주총회에서 분할합병 계획이 승인을 받을 수 있을지도 불확실했기 때문이었다. 그러나 삼성물산-제일모직 합병과 관련해 앞서 언급했듯 자본시장법상 부정거래행위 및 시세조정, 업무상 배임 혐의와 분식회계 혐의로 기소된 이재용 삼성전자 회장 등이 1심 재판에서 무죄를 선고받은 이후에, 총수일가의 배당청구권 차이를 이용한 계열사 간 합병 사례가 최근 빈번히 발생하고 있다.

두산밥캣과
두산로보틱스의 합병

2024년 7월 11일에 두산로보틱스는 두산밥캣을 100% 완전 자회사로 편입하는 주식의 포괄적 교환을 추진한다고 공시했다. 보다 구체적으로는, 두산에너빌리티를 존속법인인 사업회사와 두산밥캣의 지분을 소유하는 신설 투자법인으로 인적 분할하고, 두산로보틱스는 신설 투자법인과 합병하며, 이후에 두산밥캣 주주와 포괄적 주식 교환을 통해 두산밥캣을 두산로보틱스의 완전 자회사로 편입한다는 것이다.

〈그림 2〉 두산밥캣과 두산로보틱스의 합병 계획

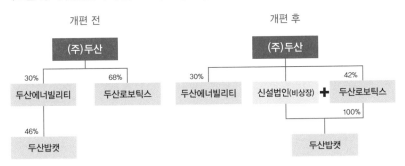

두산밥캣과 두산로보틱스의 합병 계획은 인적 분할로 비상장회사를 만들고 이 비상장회사와 상장기업을 합병한다는 측면에서 현대모비스와 현대글로비스의 분할합병 추진 사례와 유사하다. 특히 비상장회사의 가치 산정과 합병 비율 결정은 상장회사 간 합병 비율 결정보다 더 유동적일 수 있다. 따라서 합병 당사자 기업 주주들의 비례적 이익보다 총수일가의 이익을 극대화하는 합병이 되기 더 쉽다. 공시에 따르면, 두산로보틱스와 신설 투자법인 간 합병 비율은 1 대 0.12, 이후 두산밥캣과 두산로보틱스의 주식 교환 비율은 1 대 0.63이다. 이같은 합병 비율은 두산 계열사 중에서도 현금 창출 능력이 뛰어나 알짜배기로 꼽히는 두산밥캣 주주들에게 불리하다는 것이 시장의 평가이다(장원수, 2024).

2023년 말 기준으로 두산 총수일가는 (주)두산의 지분 39.87%를 보유하고 (주)두산을 통해 두산 계열사들을 지배하고 있다(〈그림 2〉 참고). 그런데 (주)두산은 두산에너빌리티 지분 30%를 보유하고 있고, 두산에너빌리티는 두산밥캣 지분 46%를 보유해 밥캣을 지배하고 있다. 즉, (주)두산의 두산밥캣에 대한 배당청구권은 13.8% 수준이다. 그러나 두산밥캣이 두산로보틱스의 100% 완전 자회사가 되면, (주)두산은 두산로보틱스를 통해 두산밥캣에 대한 배당청구권을 42%까지 끌어올릴 수 있다. 결국 이 기업 분할과 합병 과정을 거쳐, 총수일가는 현금 창출 능력이 뛰어난 두산밥캣에 대한 배당청구권을 3배 정도 높이게 된다.

두산로보틱스의 두산밥캣 흡수합병에 대한 비판이 고조되자, 결국 2024년 8월 29일에 양 사가 긴급 이사회를 열고 양 사의 포괄적 주식

교환 방식의 합병 계획을 철회했다. 즉, 두산에너빌리티를 존속법인인 사업회사와 두산밥캣의 지분을 소유하는 신설 투자법인으로 인적 분할하고, 두산로보틱스를 신설 투자법인과 합병하는 방안은 유지하되, 이후에 두산로보틱스가 신주발행을 통해 두산밥캣 주주와의 포괄적 주식 교환으로 두산밥캣을 두산로보틱스의 완전 자회사로 편입하지는 않겠다는 의미이다. 따라서 수정된 합병 계획에 따르면, 두산밥캣은 두산로보틱스가 46%의 지분을 보유한 자회사가 된다. 그러나 여전히 두산로보틱스와 신설 투자법인 간 합병 비율이 적정한지에 대한 문제는 해소되지 않고 있다.

한국의 소유분산 기업에서
밸류업이 필요한 이유

민영화된 소유분산 기업은 미국식 소유분산 기업이라기보다, '그림자 주인' 인 정부가 사실상 최고 경영자 인사를 좌지우지하는 최악의 지배구조를 가지 고 있다.

재벌 기업의 소유지배구조에서는 주주 자본주의가 작동되지 않음 을 살펴봤다. 한국 자본주의는 개별 기업 주주의 이익을 극대화하는 주주 자본주의가 아니라 재벌 총수일가의 이익을 극대화하는 재벌 자 본주의라고 할 수 있다. 이런 재벌의 소유지배구조하에서 총수일가는 소수주주의 이익을 침해하고 자신들의 이익을 도모하는 사익편취를 하게 된다. 한국 사회의 파워 엘리트인 경제권력은 이런 사익편취가 가능하도록 법제도와 정부 규제에 영향력을 행사하고 있는 실정이다.

　이런 비판에 대해서 다음 두 가지 반론이 제기되기도 한다. 먼저, 재벌보다 덩치가 작은 기업들에서 지배주주의 사익 추구가 더 심각하다는 주장이다. 이 주장에 일리가 있다고 동의할 전문가들이 많을 것이다. 필자도 역시 공감한다. 물론 일정 규모 이상의 기업집단에게만 공정거래법상의 공시 의무나 상호출자제한 의무가 부과되기 때문에, 이른바 공시대상 기업집단보다 작은 기업이나 기업집단에서의 사익편취 실상을 정확히 알 수 없다. 그러나 작은 규모의 기업이나 기업집단의 지배주주에게는 사실상 법적인 규제가 없기 때문에 사익편취가 더 심각할 가능성이 크다. 제1장에서 언급한 Ducret and Isakov(2020) 연구 중 코리아 디스카운트는 재벌 기업보다는 비재벌 기업에서 크게 나타난다는 실증 결과도 비재벌 기업들에서 지배주주의 사익편취가 더 심각한 사실을 반영한 것일 수 있다. 이는 다른 한편으로, 제대로 작동하지 않고 있는 재벌 규제지만, 규제가 아예 없는 것보다는 나은 결과를 보장한다는 추론을 가능하게 한다.

　두 번째 반론은 이른바 '주인 없는 회사'보다 재벌 기업이 낫다는 주장이다. 이 주장에서 주인 없는 회사는 민영화된 소유분산 기업을 주로 지칭한다. KT, 포스코, KT&G 등과 KB국민은행 등 많은 시중은행들이 이 범주에 속한다. 피상적으로 보면, 이들 기업의 소유구조는 전형적인 미국의 소유분산 모기업 형태를 지니고 있다. 따라서 미국식 기업 지배구조인 사외이사 제도 등이 더 잘 작동할 것 같은 생각이 들 수도 있다. 그러나 이들 소유분산 기업의 소유구조와 산업 특성을 살펴보면 이들 기업의 기업 지배구조는 재벌 기업보다 더 나쁘고 어쩌면 공기업보다 더 열악할 수 있음을 알게 된다.

민영화된 소유분산 기업의 소유구조

민영화된 소유분산 기업의 소유구조에서는 경영권을 장악할 유인이 없는 대주주들이 존재하는데, 이들 대주주는 주로 금융기관이나 국민연금 같은 기관투자자들이다. 예를 들어, KT의 경우 최대주주는 국민연금이고, KT와 자사주를 맞교환한 백기사 역할의 현대자동차와 현대모비스, 신한은행 등이 대주주이며, 자사주 4.4%와 우리사주 4% 등이 3% 이상 지분을 구성하고 있다. 따라서 영국계 펀드를 제외한 나머지 대주주들은 정부의 의도에 쉽게 순응하는 성향을 보인다.

〈그림 3〉 KT 주주구성(2024. 3. 20. 기준)

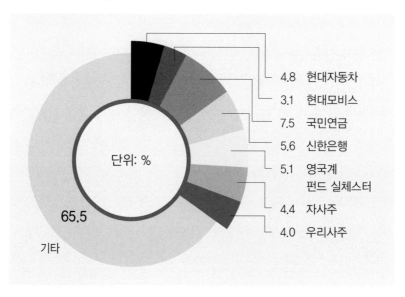

단위: %

65.5
기타

4.8 현대자동차
3.1 현대모비스
7.5 국민연금
5.6 신한은행
5.1 영국계
    펀드 실체스터
4.4 자사주
4.0 우리사주

금융기관은 정부의 규제를 받는 산업에 속해 있고, 국민연금 역시 정부로부터 독립성을 가지고 있지 못한 것이 현실이다. 따라서 이들 대주주들은 주주총회에서 사실상 정부의 의사에 따라 투표권을 행사하고, 정부는 주주총회에서 일반결의를 통과시킬 정도의 우호 지분을 쉽게 확보한다. 따라서 정부가 원하는 인사를 주주총회에서 CEO에 앉히는 것은 그다지 어려운 일이 아니다. 이에 더해 KT나 시중은행 같은 경우에는 전형적인 규제산업에 속해 있기 때문에 정부의 영향을 더 많이 받기 마련이다.

형식적으로는 KT, 포스코, 시중은행들은 매우 이상적인 사외이사와 CEO 추천제도를 갖고 있다. 예를 들어, 포스코는 정관과 관련 규정에 사외이사 후보 추천 절차를 규정하고 있다. 사외이사 후보 제안을 위해 이사회 산하에 사외이사 3인, 사내이사 1인으로 구성되고 사외이사가 위원장을 맡는 이사 후보 추천 및 운영위원회가 만들어진다. 또 이 추천위원회의 결의로 사외이사 후보 추천자문단이 운영되는데, 이 자문단은 정관에서 정한 자격을 갖춘 인사를 대상으로 후보자를 물색하여 선임 예정 사외이사 수의 3배수를 무순위로 추천위원회에 제안하고, 추천위원회는 제안된 후보자의 자격 심사를 통해 최종 후보자를 주총에 추천한다. KT도 민영화 초기부터 사외이사 제도 등 미국식 제도를 선도적으로 도입해 왔고, 또한 사외이사 추천위원회, 지배구조위원회, 회장 후보 심사위원회를 운영하고 있는 실정이다. 그러나 민영화된 소유분산 기업의 소유구조하에서 형식적으로 잘 갖춰진 기업 지배구조는 작동하지 않고 있다.

그림자 주인으로서
정부

2023년 3월 27일 윤경림 KT그룹 트랜스포메이션 그룹장(사장)이 KT 차기 대표이사 후보에서 공식 사퇴했다. 후보로 내정된 지 7일 만이었다. 문재인 정부 때 임기를 시작했던 전임 구현모 대표이사가 세 차례나 열린 KT CEO 인선에 모두 참여했지만 결국 윤석열 정부와 여당의 압박에 굴복해 연임 도전을 포기했고, 구 대표이사에 이어 2023년 3월 7일 KT 이사회가 최종 후보자로 확정한 윤경림 사장도 결국 사퇴한 것이다. 정부와 여당은 KT 이사회가 윤 사장을 후보자로 확정 지었을 때는 '구현모 아바타'라고 비난했었다.

민영화 이후 KT 대표이사는 정권의 전리품이었다. 처음으로 대표를 맡은 이용경 전 사장은 연임 의사를 밝혔지만, 결국 후보 공모에 참여하지 않았다. 2005년 취임한 남중수 전 사장은 이명박 정부가 들어선 2008년 재선임됐지만, 같은 해 11월 납품 비리 혐의로 구속돼 연임 임기를 채우지 못했다. 이듬해 1월 이석채 전 회장이 선임됐고, 3년 뒤 박근혜 정부가 출범한 2012년 재선임에 성공했다. 그러나 같은 해 11월 업무상 배임 혐의로 검찰의 압수수색이 이어지자 결국 자리에서 물러났다. 황창규 전 회장은 유일하게 KT 대표로서 연임해 임기 6년을 모두 채운 인물인데, 박근혜 정부에서 임기를 시작해 문재인 정부에 임기를 마쳤다. 그러나 임기 만료를 앞둔 지난 2020년 '국회의원 쪼개기 후원' 사건과 관련해 정치자금법 위반과 업무상 횡령 혐의로 검찰 수사를 받았다.

CEO 선임과정에 정부가 노골적으로 개입한 것은 비단 KT뿐만이 아니다. 포스코나 시중은행의 경우도 기본적으로 다르지 않았다. 민영화된 소유분산 기업은 주주의 이익인 잉여권리 가치를 최대화하기보다는 정권의 입맛에 맞는 인사와 경영을 하고 있는 것이다. 사실상 정부가 이들 기업의 '그림자 주인'인 셈이다. 이와 같은 '그림자 주인' 자본주의는 재벌 자본주의보다 더 나쁜 소유지배구조이다. 그림자 주인은 실질적인 인사권으로 경영에 간섭하고 사익을 추구할 수 있지만 이를 견제하고 규제할 수단이 사실상 없기 때문이다.

제4장

일본의
기업 밸류업 프로그램

1.

계열의 등장

제2차 세계대전 이후 일본 재벌은 해체되었으나, 1960년대부터 은행 등 금융기관 중심으로 상호출자를 통한 계열이라는 기업집단이 새로이 형성되었다.

일본의 기업 밸류업 프로그램이 시행된 배경과 그 유효성을 이해하기 위해서는 일본 기업 소유구조와 기업 지배구조에 대한 이해가 선행되어야 한다. 일본은 제2차 세계대전 이후 맥아더 군정에 의해 "경제민주화"라고 명명된 대개혁을 경험했다.[14] 그러나 맥아더 군정에서 만들어진 경제력 집중 방지 규제가 1950년대 이후 느슨해지면

---

14 농지개혁, 재벌 해체, 노동 3법 확립을 포함하는 "경제민주화"라는 표현은 지주회사정리위원회에서 재벌 해체 작업을 일관하는 이념으로 계속적, 반복적으로 언급되고 있다(천경훈, 2013).

서 1960년대 중반부터 은행 등 대형 금융기관을 중심으로 상호출자 crosssharcholding로 연결된 계열系列(게이레츠)이라는 기업집단이 새로이 형성되었다. 이 계열의 소유지배구조는 일본식 자본주의로 널리 알려져 있다. 그러나 1990년대 중반 은행위기 이후에 이 일본식 자본주의는 또다시 큰 변화를 겪고 있다. 이 절에서는 제2차 세계대전 이후 새로이 형성된 계열 중심의 일본 기업 소유지배구조를 우선 살펴본다.[15]

재벌 해체와 계열의 등장

제2차 세계대전 이전과 당시에 일본의 기업 소유구조는 현재 한국 재벌과 유사했다. 사실 재벌이라는 용어가 본래 일본 재벌을 의미하는 자이바쯔財閥의 한국식 표기이다. 일본 재벌은 자생적으로 축적되었던 일본 내 상업자본이 메이지유신明治維新 이후 산업자본으로 전환하는 과정에서 형성되었다. 제2차 세계대전 중에 일본 재벌은 전시산업에 필수적인 부분이었던 중화학분야로 본격적으로 진출했다. 이 당시 재벌의 전형적인 조직 형태는 지주회사체제로, '가족-본사-직계기업-관계회사'로 이어지는 수직적 소유지배구조에 기반해 각 계열회사는 상호출자를 통하여 폐쇄적인 집단구조를 형성하였다. 또 본사에 대한 가족의 지배권은 확고하게 유지되었고,[16] 금융회사를 계열회사로 둠으로써 재벌은 내부적인 자금 조달 방식을 확립하고 있었다.

---

15 이 절과 다음 절은 박상인(2021)의 내용을 재구성한 것이다.
16 예를 들어, 4대 재벌의 본사에 대한 가족 지분 비율은 미쓰이(三井) 63.6%, 미쓰비시(三菱) 47.8%, 스미토모(住友) 83.3%, 야스다(安田) 100% 등이었다.

한국 재벌과 일본 재벌의 가장 큰 차이점은 은행 보유 여부라고 할 수 있다. 또 제3장에서 살펴봤듯이, 한국 재벌은 상호출자 금지로 인해 간접적 상호출자인 순환출자를 활용했으며, 지주회사제도가 허용된 이후에는 상당수 재벌들이 지주회사체제로 전환했다. 그러나 한국 재벌과 제2차 세계대전 당시 일본 재벌은 경제력 집중이 심각한 대기업집단을 특정 가문이 지배하고 있다는 점에서 본질적으로 동일하다고 생각할 수 있다.

제2차 세계대전 종전 후, 미국의 맥아더 군정은 분권화된 경제 시스템을 확립하고 군국주의의 부활을 방지하기 위해 재벌을 해체했으며, 재벌의 재등장을 구조적으로 방지하는 법제도를 확립하는 개혁을 단행했다. 재벌 해체는 지주회사정리위원회持株會社整理委員會, Holding Company Liquidation Commission라는 기구가 주도하였는데, 우선 동족(가문)에 의한 기업집단의 지배를 배제하기 위해 물적·인적 청산을 추진했다. 물적 청산을 위해, 동족이 보유한 총자산의 85%를 재산세로 징수했고, 유가증권 등은 지주회사정리위원회에 양도하도록 했다. 인적 청산을 위해서는, 동족이 재벌에 속한 계열회사의 경영에 임직원으로 참여할 수 없도록 했다. 이와 더불어, 지주회사를 해체하면서 재벌 내 계열회사 간의 주식 보유를 제한했고, 각 계열회사의 주식 소유를 분산하는 조치가 추진되었다. 동시에 개별 재벌에 소속되어 있던 거대기업을 분할하기 위한 조치가 추가되었다.

그러나 일본의 재벌 해체는 원래 의도했던 것만큼 철저히 이루어지지 못했다. 특히 재벌에 속해 있던 거대기업의 분할이 상당히 축소된 범위로 진행됨으로써, 이후 이들 거대기업을 중심으로 과거 재벌에 속해 있던 기업들이 상호 주식 보유를 통해 연결되는 계열이 새로이 형성되는 기반이 되었다.

계열의 형성에는 사업회사의 주식 보유에 대한 규제 완화가 큰 영향을 미쳤다. 맥아더 군정에서 1947년 4월에 제정된 독점금지법(私的 獨占の禁止及び公正取引の確保に關する法律)은 계열회사 간 주식 보유를 금지했지만, 1949년에 경쟁회사 이외의 회사에 대한 주식 취득을 허용하는 개정이 이루어졌고, 1953년에는 일정한 거래 분야에서 경쟁을 실질적으로 제한하는 경우에만 타 회사 주식 취득을 금지하도록 법이 개정되었다. 이로 인해, 과거 재벌에 속해 있던 은행이나 보험회사와 사업회사들 사이에, 또는 사업회사들 사이에 상호출자를 기반으로 하는 대기업집단이 다시 형성되기 시작했던 것이다.

계열의 소유지배구조

제2차 세계대전 이전과 당시에 일본 재벌은 가문에 의하여 지배되는 본사를 정점으로 한 수직적 피라미드 구조에 기초하고 있었던 것에 반해, 1960년대에 본격적으로 형성된 계열은 기업 간 상호 주식 보유를 통한 수평적인 제휴로서의 성격이 강하다. 따라서 외형상 소속된 기업들은 비슷했으나, 재벌과 계열의 가장 중요한 차이는 이른바 총수일가라고 할 수 있는 동족(가문)의 존재 여부였다. 계열은 재벌과 달리 총수일가는 존재하지 않지만, 여전히 경제력 집중이 우려되는 규모의 대기업집단이라고 평가할 수 있다. 따라서 맥아더 군정의 재벌 해체는 절반의 성공이라고 평가할 수 있다.

제4장 일본의 기업 밸류업 프로그램

계열 기업의 소유지배구조의 특징은 계열 소속 은행, 보험 또는 사업회사를 통한 안정적인 주식 보유와 기업 경영의 참호화entrenchment라고 할 수 있다. 이들 내부 기업들의 주식 보유 비율은 1960년대 중반부터 급증해 1970년대 초에는 55%를 초과했으며, 1990년까지 점진적으로 증가했다(Aoki, Jackson and Miyajima, 2007). 이런 상호출자는 각 계열사 경영진 사이의 암묵적 합의에 의해 지지를 받았는데, 이런 암묵적 합의를 통해 각 계열사의 경영 관련 문제에 내부 출자 계열사들은 관여하지 않았다. 계열 기업의 소유구조는 계열사들을 잠재적인 적대적 M&A 시도로부터 보호하고, 1970년대와 1980년대 일본 기업들의 관행이라 할 이른바 네트워크 시장경제 모형을 형성했다. 네트워크 시장경제에서는 비공식적이고 비시장적인 신뢰나 상호존중과 같은 관계가 중요한데, 일본의 메가은행 시스템, 내부이사로 구성된 이사회, 종신 고용 등의 특징을 지니고 있었다.

따라서 이런 계열이라는 소유지배구조를 지닌 일본 기업 경영자들이 주주의 이익을 최대화하기 위해서 최선을 다하는 미국식 주주 자본주의에서처럼 행동할 유인은 적었다. 제2장에서 지적했듯이, 이런 소유지배구조가 정부 주도적인 산업정책에 호응해 대규모, 장기적 투자를 하는 경제 환경에서는 잘 작동할 수도 있다. 그러나 불확실성과 혁신 경쟁의 중요성이 커진 혁신경제에서는 그 한계와 문제점이 노출되기 십상이며, 1990년대 이후 일본 경제의 장기침체와 혁신경제로의 이행 지체로 인해 일본의 기업 소유지배구조는 또다시 큰 변혁의 시기를 맞고 있다.

2.

1990년대 중반 이후
일본의 기업 소유구조

1990년대 은행위기 이후, 일본은 우량기업들을 중심으로 상호출자가 해소되고 있으며, 외국인 지분을 포함한 기업 외부지분의 비율이 증가하고 있다.

　계열사 간의 지분 비중이 높은 일본 기업의 소유구조는 은행위기가 발생한 1990년대 후반부터 급격한 변화를 겪기 시작했다. 특히 계열 은행과 보험회사의 계열사 주식 보유 비율이 감소한 데 반해, 국내외 기관투자자들과 개인투자자들이 보유하는 계열 외부지분은 급증했다. 따라서 1960년대 후반에 형성된 계열사 간 상호출자는 1990년대 중반 이후부터 우량기업들을 중심으로 해소되기 시작했다고 볼 수 있다. 〈표 5〉에서 볼 수 있듯이, 한국의 '내부지분율' 개념에 상응하는 일

⟨표 5⟩ 일본 기업의 안정주주 지분율(1987~2002)

연도 (년)	기업 수 (개)	기업 가치 (조 엔)	안정주주 지분율 (비중, %)	(변화분)	은행 (비중, %)	(변화분)	보험회사 (비중, %)	(변화분)	비금융회사 (비중, %)	(변화분)
1987	1,924	433	45.8		14.9		16.4		14.4	
1988	1,975	517	45.7	▲0.10	15.6	0.70	16.6	0.20	13.3	▲1.10
1989	2,031	500	44.9	▲0.80	15.6	0.00	15.7	▲0.90	13.4	0.10
1990	2,078	450	45.6	0.70	15.7	0.10	15.8	0.10	14.0	0.60
1991	2,107	326	45.6	0.00	15.6	▲0.10	16.2	0.40	13.7	▲0.30
1992	2,120	328	45.7	0.10	15.6	0.00	16.2	0.00	13.8	0.10
1993	2,161	367	45.2	▲0.50	15.4	▲0.20	15.8	▲0.40	14.0	0.20
1994	2,214	311	44.9	▲0.30	15.4	0.00	15.7	▲0.10	13.7	▲0.30
1995	2,279	393	43.4	▲1.50	15.0	▲0.40	14.7	▲1.00	13.5	▲0.20
1996	2,341	355	42.1	▲1.30	15.1	0.10	14.7	0.00	12.2	▲1.30
1997	2,389	308	40.5	▲1.60	14.8	▲0.30	14.1	▲0.60	11.6	▲0.60
1998	2,433	331	39.9	▲0.60	13.7	▲1.10	13.0	▲1.10	13.2	1.60
1999	2,487	463	37.9	▲2.00	11.3	▲2.40	10.6	▲2.40	15.9	2.70
2000	2,602	368	33.0	▲4.90	9.8	▲1.50	10.9	0.30	12.3	▲3.60
2001	2,668	313	30.2	▲2.80	8.7	▲1.10	10.1	▲0.80	11.4	▲0.90
2002	2,674	237	27.1	▲3.10	7.7	▲1.00	9.3	▲0.80	10.0	▲1.40

원출처: Miyajima and Kuroki(2007), Table 3.1.

본의 '안정주주安定株主 지분율'이 1990년대 초에는 45%였다가 2002년에는 27.1%로 급격히 하락했다. 이와 동시에 외국인과 개인의 지분율이 증가하면서 일본의 기업 소유구조가 바뀌기 시작했다.

1990년대 중반 이후에 상호출자가 상당히 해소된 것은 비금융기업이 계열사인 은행 주식을 매각했거나, 은행이 계열사인 비금융기업의

2. 1990년대 중반 이후 일본의 기업 소유구조

주식을 매각했기 때문이다. 그런데 Miyajima and Kuroki(2007) 연구에 따르면, 자본시장 접근이 용이하고 은행위기 이전에 외국인 보유지분율이 높았던 고이윤 기업profitable firm들은 상호출자를 해소했고, 반대로 자본시장 접근이 용이하지 않고 은행위기 이전에 외국인 지분이 낮았던 저이윤 기업들은 은행과의 상호출자를 유지하는 경향이 있었다.

1997년 은행위기 이후, 특히 1999년 이후에 은행들은 유동성이 높고 고수익이 기대되는 기업들의 주식은 팔고, 장기적인 관계를 유지해 오던 기업들의 주식은 계속 보유했는데, 이런 은행의 행위는 기업 지배구조를 약화시키고 자신의 금융자산 포트폴리오를 악화시키는 결과를 초래했다. 이는 일본 경제성장기에 은행이 기업의 부채와 주식을 동시에 보유함으로써 기업 모니터링을 개선하고 자산 대체문제를 완화함으로써 기업의 성과를 높였다는 평가와 상반되는 현상이었다. 결국 은행들은 부실채권을 줄이기 위해 보유 주식을 매각하게 되었고, 이는 상호출자의 해소로 연결되었다. 〈표 5〉에서 볼 수 있듯이, 이런 안정주주 지분율의 하락은 안정주주를 구성하는 은행, 보험회사, 비금융기업 중에서 은행의 지분율이 급격히 감소한 결과였다.

외국인 투자자에 대한 평가

일본 국내외 기관투자자나 개인투자자와 같은 외부지분 중에서 특히 외국투자자 지분이 급속히 증가했는데, 1980년대 후반 불과 5%에서 1990년대 꾸준히 증가해 2006년에는 28%에 이르게 되었다. (계열)

외부지분 보유자는 투자수익률을 극대화하고자 하는 목적을 가졌다는 점에서 계열사 내부에 참호를 구축했던 경영자들과 달랐다. 외국인 투자자 비중 증가에 두 가지 상반된 견해가 있는데, 외국인 투자자는 모니터링 능력이 더 뛰어나고 기업 지배구조 개선을 더 촉구함으로써 기업 성과를 높일 것이라는 긍적적 견해와, 외국인 투자자들은 투자 전략에 강한 편견을 가지고 있고 장기투자적 성격이 덜하기 때문에 기업 성과가 좋게 관측되더라도 외국인 투자자들이 성과가 좋은 기업들에 투자한 결과일 뿐이라는 부정적 견해가 있었다. Miyajima, Hoda and Ogawa(2014) 연구에 따르면, 외국인 투자자들은 기업 지배구조가 우수한 기업인지 여부를 투자할 때 중요하게 여기며, 이를 고려하더라도 외국인 투자자들의 투자는 기업의 자본수익률 향상에 상당한 역할을 했다.

자사주를 활용한
경영권 방어

2005년 이후에 외국 기관투자자의 지분 확대는 정체되고 오히려 내부지분율이 다시 상승하기 시작했다. 이는 외국 기관투자자의 지분 확대로 주주 행동주의shareholder activism와 적대적 인수합병hostile takeovers이 활발해지자, 이에 대항하기 위해 기업들이 내부지분율을 높이기 시작한 것을 반영한다.[17] 5% 이상 지분을 보유한 행동주의 펀드는

---

17 2008년 글로벌 금융위기 이후 주식시장의 붕괴와 행동주의 펀드의 요구에 대한 일본 기

1999년에 32개에서 2007년에는 189개로 증가했는데, 스틸 파트너스 Steel Partners와 TCIThe Children's Investment Fund Management 같은 행동주의 펀드들은 주주제안을 통해 배당 정책과 구조조정에 중대한 변화를 요구했다(Hamao, Kutsuna and Matos, 2018).

2001년에 자사주 매입에 대한 제한이 없어진 이후로 기업들은 상호출자를 강화하고 경영권 보호를 위해 자사주를 대량으로 매입하기 시작했는데, 자사주 비중이 전체 발행 주식의 10%가 넘는 경우도 자주 관측되었다. 2001년 이전에는 자사주 매입은 스톡옵션 지급이나 기업합병 목적의 경우에만 허용되었고, 매입된 자사주는 소각해야 했다. 그러나 은행과 기업들 간의 상호출자가 급격히 해소되면서 주가가 저평가되고 있다고 생각한 일본 정책 당국이 자사주 매입 제한을 없앴는데, 기업들이 제한 없이 자사주를 매입함으로써 이런 주가 저평가 문제를 완화할 수 있으리라고 기대한 것이다.

Franks, Mayer, Miyajima and Ogawa(2018) 연구는 자사주를 대량 매입한 회사의 유형을 다섯 가지로 나눴다. 먼저, 외국인 투자자의 비중이 커지는 것을 막기 위해서 자사주를 매입한 경우로, 도요타Toyota가 대표적 사례이다. 둘째, 에자키 글리코Ezaki Glico 사례처럼, 미국 행동주의 펀드로부터 자사주를 매입한 경우다. 셋째, 기업에 우호적인 주주로부터 자사주를 매입한 경우로, 화낙FANUC이 대표적인 사례이다. 넷째, 스즈키Suzuki처럼 다른 기업으로부터 자사주를 구매 후 경영 파트

업의 소극적 대응 때문에 행동주의 펀드들은 일본 주식시장에서 철수하기도 했다(Becht, Franks, Grant and Wagner, 2017).

너들에게 다시 판매한 경우이다. 마지막으로, 닌텐도Nintendo같이 창업자 가문으로부터 자사주를 매입해 전략적 파트너에게 다시 매각한 경우이다.

2001년부터 2014년까지 기간 동안에 일본의 자사주 매입을 실증 분석한 Franks, Mayer, Miyajima and Ogawa(2018) 연구는, 자사주 매입은 내부지분율을 유지하기 위한 중요한 수단이었으며, 만약에 자사주 매입이 없었다면 동 기간에 외부지분율이 3%가 아니라 24% 증가했을 것이라고 결론 내렸다. 또한 자사주 구매 동기에 따라 주가가 매우 상이하게 반응했는데, 재무적 이유로 자사주를 매입한 경우에 비해 내부지분율 증가를 위해 매입한 경우 주가수익률이 현저하게 낮아지는 것도 발견했다.

아베노믹스의 세 번째 화살

아베노믹스의 세 번째 화살인 성장전략은 기관투자자들의 적극적 주주권 행사를 통해 상호출자를 해소하고 사외이사제를 도입하는 기업 소유지배구조 개혁이었다.

2000년대에 미국식 주주 자본주의 모형은 무역과 금융시장 세계화의 진전으로 국제 표준이 되고 있었다. G20/OECD 기업 지배구조 원칙G20/OECD Principles of Corporate Governance이 발표된 1999년 이후, 상법 개정, 상장규칙 개정, 코드code 도입 등을 통해 미국식 주주 자본주의 모형이 이식되기 시작했다(Kim and Lu, 2013).

앞서 살펴봤듯이, 일본도 기업 외부지분의 증가로 이사회 크기와 구성 등을 포함한 기업 내부 지배구조 설계 논의를 시작했다. 전통적

으로 일본 기업의 이사회는 미국 기업들보다 더 많은 이사들로 구성
되었으나, 경영과 감독 기능이 분리되지는 않았다. 또한 CEO와 이사
들은 거의 모두 기업 내부에서 승진한 사람들이었으므로, 감독 기능
이 제대로 작동되지 않았다. 그러나 기업 내부 지배구조 개혁은 일본
재계의 강한 반대에 부딪혔고, 독립적 이사의 임명은 의무가 아닌 자
발적 선택으로 남았다. 이사회 내 미국식 감사위원회 설치는 거의 채
택되지 않았다. 이런 배경에서 2013년에 아베 정부는 기업 지배구조
개혁을 아베노믹스의 세 번째 화살인 성장전략의 핵심 내용으로 제시
했다.

아베노믹스

아베 신조가 두 번째로 일본 총리로 취임한 2012년 12월 당시에, 일
본은 1990년대 중반 이후 연간 GDP의 6~8% 수준의 대규모 재정 적
자, 만성적인 디플레이션, 경제성장 침체라는 세 가지 문제에 직면하
고 있었다. 이들 문제를 해결하기 위해서 아베 정부는 재정정책 강화,
통화정책 완화, 성장전략의 "세 개의 화살"이라는 정책을 제시했는데,
이를 흔히 아베노믹스Abenomics라고 부른다.

먼저, 아베 정부는 재정 적자를 줄이기 위해서 부가세를 5%에서 8%
로 그리고 8%에서 10%로 두 차례 인상했다. 이를 통해 일본의 재정
적자는 아베 정부 이전의 GDP 대비 6~8% 수준에서 2019년에는 2.8%
수준으로 줄었다. 이와 동시에 아베 정부는 디플레이션을 극복하고자
과감한 양적완화 조치를 취했는데, 제로금리 정책과 2000년과 2006년

사이에 일부 시행된 양적완화 조치에 더해, 일본은행은 2014년부터 회사채 매입을 시작했고 심지어는 ETF를 통해 주식을 매입하기에까지 이르렀다.

아베노믹스의 성장전략 목표는 기업 소유지배구조 강화를 통해 일본 기업 경영자들의 사고방식을 바꾸고, 국제 수준의 ROE Return on Equity (자본수익률)를 기준으로 도입함으로써 적극적인 경영이 이뤄지는 체계를 확립하는 것이었다.[18] 이를 통해, 기업들이 사내 유보금을 쌓아두는 대신에 이윤을 투자와 적극적인 기업 구조조정에 사용해 높은 성과를 내도록 하겠다는 것이었다.

아베노믹스에 대한 평가는 단기적으로는 긍정적이었다. 양적완화는 2013년부터 2016년 초까지의 일본 엔화 무역가중환율의 절하에 힘입어 만성적인 디플레이션을 중단시키는 데에는 성공한 것으로 평가되며, 또 일본의 일자리 시장은 코로나19 사태 전까지는 뚜렷하게 개선되었다. 그러나 일본의 실질성장률은 여전히 저조해 장기침체에서 벗어나는 계기가 되었다고 판단하기는 어렵다.

성장전략으로서
기업 소유지배구조 개혁

아베노믹스의 세 번째 화살인 성장전략의 기본 아이디어는 미국식

18　이 외에도 국가경제특구 정책, 여성 및 노인인력 활용 확대, 원전 재가동, 그리고 2016년부터는 이민 완화 정책 등이 포함된다.

기업 지배구조로 이행하기 위해 기관투자자들이 기업 소유지배구조에 핵심적인 역할을 수행하도록 만든다는 것이었다. 따라서 기업 외부 주주들의 기업 경영에 대한 통제를 강화하고, 상호출자를 해소하며, 성과에 기초한 유인체계를 도입하는 구체적인 조치들이 뒤따랐다. 일본 스튜어드십 코드와 기업 지배구조 코드의 도입은 이런 기업 지배구조 개혁을 통한 성장전략을 실행하는 두 개의 기둥two pillars이었다.

일본 스튜어드십 코드Japan Stewardship Code는 2014년에 처음 도입되었는데, 기관투자자들이 기업 소유지배구조 문제에 적극적으로 관여하는 근거가 되었다. 일본 스튜어드십 코드의 특징은 이사회 구성 등 기업 지배구조 문제에 초점을 두었다는 것이다. 이는 2010년 영국에서 처음 도입된 스튜어드십 코드가 기업 지배구조 문제 외에도 환경과 사회적 책임을 함께 강조한 것과 대비된다.

2015년에는 일본 기업 지배구조 코드Japan Corporate Governance Code도 도입되었는데, 일본 기업 지배구조 코드의 핵심 내용은 최소 2명의 사외이사를 이사회에 포함하고, 상호출자를 포함한 '관계에 기반한 주식 보유relational shareholding' 정보를 공시하며, 이사회가 매년 이런 주식 보유의 경제적 근거를 엄격히 검토할 것을 요구한 것이다.[19] 이런 요구는 다른 나라의 기업 지배구조 코드에서는 찾아볼 수 없는 특별한 사항인데, 일본 기업이 당면하고 있는 소유지배구조 문제를 반영한 것이

---

19 Japanese CG code, principle 1.4. (https://www.fsa.go.jp/en/refer/councils/corporategovernan
   ce/20150306-1/01.pdf)

다. 일본 기업 지배구조 코드의 의미와 한국 사례와의 비교는 제5장에서 상세히 다룬다.

일본 스튜어드십 코드와 기업 지배구조 코드의 도입과 더불어, 도쿄증권거래소는 JPX 400이라는 선도 기업들을 대상으로 하는 새로운 주식 지수를 도입했는데, 이 새 주식 지수 포함 여부에는 기업 지배구조 요인을 고려했다. 또한 세계에서 가장 큰 연기금 펀드인 일본의 GPIF_{Government Pension Investment Fund}는 자산 운용에서 일본 국내 주식 비중을 기존 12%에서 2013년 25%로 상향했는데, 스튜어드십 코드에 가입한 후에 기금 운용 위탁사들이 스튜어드십에 따라 행위하는지를 엄격히 감독함으로써 기업 지배구조에 대해 보다 적극적인 접근을 취했다.

일본의 기업 지배구조 개혁은 국제적 동향을 반영해 지속 가능한 발전 목표_{sustainable development goals}와 관련된 이슈들을 점진적으로 포괄했다. 최초의 기업 지배구조 코드도 상장기업들이 지속 가능한 성장을 기업 경영에 고려하도록 요구했는데, 이 요구는 기업 지배구조 코드의 개정을 통해 더욱 강화되었다. 특히 GPIF가 2015년에 책임투자원칙_{Principles of Responsible Investment}에 서명함으로써, 투자자의 스튜어드십에 대한 약속과 책무를 더욱 강화할 구조와 동력을 제공했다(Henderson, Sarafeim, Lerner and Jinjo, 2019).

스튜어드십 코드는 또한 기관투자자들이 기업의 ESG 활동에 간여하도록 요구하기 시작했다. 일본 증시에서 국내의 수동적_{passive} 펀드 비중은 2007년 32.5%에서 2017년에 66.7%로 증가했는데, 2015년 이후 일본중앙은행_{Bank of Japan}이 양적완화 정책의 일환으로 EFT_{Electronic Funds Transfer} 매입을 증가시킨 것과 GPIF가 수동적 펀드에 위임을 증가시킨 것 때문이었다. 일반적으로 수동적 펀드들은 시스템 리스크를 줄이는 데 강한 유인을 가지고 있으므로, 수동적 기관투자자의 증가는 일본 기업 지배구조 개혁에 중요한 열쇠가 되고 있다.

이런 맥락에서 유니버설 오너universal owner[20]로서 GPIF가 책임투자와 ESG 활동을 권장하는 것은 매우 중요했다. GPIF는 2016년에 외부 위임 자산 관리자들과 ESG 관련 대화에 착수했고, 2017년에는 ESG 평가가 높은 기업에게 국내 수동적 포트폴리오를 더 많이 재배정했으며, 2018년에는 이런 능동적인 활동을 더 강화해서 수동적 펀드 관리자에게 보다 많은 자금을 배정했다. 이런 일련의 활동을 통해, GPIF는 책임투자와 ESG 활동을 권장하는 핵심적 역할을 수행하고 있다.

2013년 말에 아베노믹스가 시작된 이후에, 외국인 투자자들의 일본 주식시장에서의 비중은 다시 증가하기 시작해 30%를 돌파했다. 아베노믹스의 기업 소유지배구조 개혁은 일본 기업 소유구조와 지배구조에 중대한 변화를 가져왔다. 무엇보다, 해외의 능동적인 펀드와 행동주의 헤지펀드의 역할이 증대했고, 이를 통해 자본 공급이 늘고 자본 공급 비용이 감소했다. 또한 기업의 사회적 책임을 지지하는 지수 펀드와 대규모 주식 투자corporate block holdings가 증가했다.

20 한 나라 전체 업종의 주식을 보유한 거대 기관투자자를 말한다.

4.

계열의 점증적 해체와
혼합형 기업 소유지배구조 출현

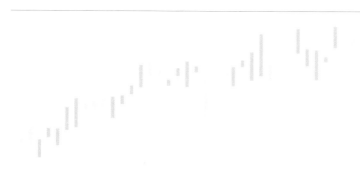

은행위기와 기업 지배구조 코드 도입으로 일본의 기업 소유지배구조는 여전히 상대적으로 높은 내부지분과 미국식 기업 지배구조의 도입이라는 혼합형으로 변화하고 있다.

　앞에서 살펴봤듯이, 1960년대 이후 일본 자본주의의 특징이었던 상호출자에 기반한 계열을 사실상 해체하는 기업 소유구조의 변화에는 두 번의 계기가 있었고, 이 모두 일본 국내적 요인에 의해 발생한 것이다. 다시 말하자면, 제2차 세계대전 이후 맥아더 군정이라는 외부의 힘에 의한 일본 재벌의 해체와 달리, 1990년대 후반 이후에 이뤄지고 있는 일본 계열의 점진적 해체는 국내적 요인에 의한 것이었다.

1990년대 은행위기가 첫 번째 계기였는데, 자산 버블의 붕괴로 인해 부실채권 문제가 발생한 주거래은행main bank들이 위기에 처하게 되면서, 저성과 기업들에 대한 출자를 중단하기 시작했다(Arikawa and Miyajima, 2007). 특히 2002년 은행과 비은행 금융기관에 의한 주식 보유 제한법Act on Limitation on Shareholding by Banks and Other Financial Institutions은 이런 추세에 결정적인 역할을 했다.

계열사 간 상호출자 해소의 첫 계기가 시장 상황에 의한 것이었다면, 두 번째 계기는 아베노믹스라는 정부 정책에 의한 것이었다. 아베노믹스에서 추진한 기업 지배구조 개혁은 기관투자자의 적극적 주주권 행사, 사외이사제 도입, 상호출자 해소 등을 주요 내용으로 하고 있다. 특히 일본 기업 지배구조 코드가 상호출자 관계에 기반한 주식 보유 정보를 공시하고 이사회가 매년 이런 주식 보유의 경제적 근거를 엄격히 검토할 것을 요구함으로써 상호출자 해소를 통한 계열의 해체를 야기하고 있는데, 이는 다른 나라의 기업 지배구조 코드에서는 찾아볼 수 없는 특별한 사항으로 일본 기업의 고유한 기업 소유구조 문제를 반영한 것이다. 다시 말하자면, 기업 지배구조 개혁에 사실상 기업 소유구조 개혁이 포함되어 있으며, 이는 상호출자에 기초한 기업 소유구조하에서는 미국식 주주 자본주의가 제대로 작동할 수 없다는 인식이 바탕에 깔려 있는 것이다.

이런 일련의 내적 개혁을 통해, 일본 기업의 소유지배구조는 여전히 상대적으로 높은 내부지분과 미국식 기업 지배구조의 도입이라는 혼합형으로 변화하고 있다

기업 지배구조 코드의
실행

기업 지배구조 코드는 영국에서 2010년 재무보고위원회Financial Reporting Council가 회사법의 일부로서 처음 도입했으며, '원칙준수 예외설명comply or explain' 방식이 적용되었다. 일본은 영국 기업 지배구조 코드에 기초해 일본 특유의 상호출자라는 기업 소유구조 개혁을 포함한 일본 기업 지배구조 코드를 2015년에 도입했으며, 스튜어드십 코드와의 연계적 활용에 초점을 두며 '원칙준수 예외설명'을 요구했다.

2015년 금융청과 도쿄증권거래소에 의해 도입된 기업 지배구조 코드는 주기적 평가와 개선 논의를 통해 2018년과 2021년에 각각 개정이 이뤄졌다. 2017년 이후 기업 지배구조 코드의 부속지침으로 '기업 지배구조 시스템 가이드라인', '그룹 지배구조 시스템 가이드라인', '사외이사 가이드라인', '산업재편 가이드라인' 등이 제정되었다. 또한 스튜어드십 코드와 기업 지배구조 모범규준의 부속지침으로 '투자자-기업 관여활동 가이드라인'이 2018년 제정되고 2021년 재개정되었다.

모범규준의 적용은 도쿄증권거래소의 모든 상장기업을 대상으로 하되, 프라임prime 및 스탠더드standard 시장은 모든 원칙, 신흥growth 시장은 기본원칙을 준수하도록 했으며 미준수의 경우에 설명을 요구했다. 2021년 6월 개정에서는 지속 가능성과 관련된 요구가 강화된 가운데 프라임 시장 상장기준에 맞춰 주주 권리 및 평등, 정보 공시, 이사회의 책임 부문에 원칙을 보완했다.

2021년 재개정된 기업 지배구조 코드는 5개의 기본원칙, 31개의 세부원칙, 47개의 보충원칙으로 구성되어 이전보다 세부적으로 개정되었다. 가장 상위 시장인 프라임 시장 상장기업에게는 글로벌 기업과 비교 가능한 수준의 기업 지배구조 확립에 초점을 두고 더 높은 수준의 지배구조를 요구하고 있다. 구체적으로 보면, 프라임 시장에 대해서는 전자투표가 가능한 의결권 행사 플랫폼 구축, 영문 공시 문서 제공, 기후변화 위험 및 수익기회 정보를 TCFDTask Force on Climate-related Financial Disclosures에 기반해 공시할 것, 이사회 내 독립 사외이사 수를 기존 2명 이상에서 최소 1/3 이상 또는 업종, 규모 등을 고려하여 필요시 과반수 이상으로 확대 적용할 것 등이 포함되었다.

기업 지배구조 코드에 기초해 기업지배구조보고서를 발간한 기업은 2011년 2,294개 사에서 2023년 3,770개 사로 꾸준히 증가했는데, 프라임 시장 상장기업은 기업 지배구조 모범규준의 총 87개 원칙 중 9개를 제외하고는 90% 이상의 높은 준수율을 기록하고 있다.

기업 지배구조 코드가
소유구조에 미친 영향

기업 지배구조 코드는 관계적 주식 보유를 공시하게 함으로써 경영참호화를 위한 상호출자 해소를 유도했다. 관계적 주식 보유는 상호출자와 기업 간 전략적 출자를 모두 포괄한다. 상호출자는 계열사 개별 수준에서는 높은 비중은 아니나 계열사 간 출자 모두를 합치면 상당히 큰 비중을 차지하는 특징을 가지며, 적대적 기업합병 등을 방어하고 경영참호화를 위해 형성된다는 특징을 지닌다. 이에 반해, 기업간 전략적 출자는 피출자기업 주식의 상당한 비중을 차지하며 경영

협력이나 합작회사 설립과 같은 전략적 목적을 지닌다. 상호출자는 기업 가치를 떨어뜨리는 것으로 여겨지나, 기업 간 전략적 출자가 기업 가치에 미치는 영향은 명확하지 않다.

Miyajima and Saito(2022) 연구에 따르면, 기업 지배구조 코드의 도입 이후에 관계적 주식 보유는 점차 줄어들고 있다. 상장회사가 평균적으로 주식을 보유하고 있는 다른 기업의 수는 2010년 53개에서 2019년 34.7개로 감소했으며, 관계적 주식 보유를 청산할 확률은 2011년 3.9%에서 2019년 9.4%로 증가했다. 관계적 주식 보유를 청산할 확률은 기업 지배구조 코드 도입 이후에 급증했고, 특히 상호출자의 경우에 청산 확률의 급증은 더욱 괄목상대했다. 또한 관계적 주식 보유를 청산할 확률은 사외이사의 수와 양(+)의 상관관계를 보였는데, 이는 사외이사들이 상호출자를 해소하는 데 중요한 역할을 수행했음을 함의한다. 한편, 거래적 관계가 약할수록 그리고 주식 보유 비중이 작을수록 관계적 주식 보유가 더 해소됨을 알 수 있었다. 따라서 기업 지배구조 개혁은 비중이 크지 않은 상호출자의 해소를 촉진했으나, 중대한 기업 간 주식 보유the committed corporate shareholding는 상대적으로 영향을 받지 않은 것으로 추론된다.

1990년대 중반 이후 은행위기와 2015년 기업 지배구조 코드의 도입은 1960년대 이후 확립된 전통적인 일본의 기업 소유지배구조에 큰 변화를 가져오고 있다. 다만 주거래은행 중심으로 형성되었던 상호출자는 해소되고 있으나, 일본 대기업들은 기존의 상호출자 해소에 대응해 자사주를 활용한 정책보유relational shareholding를 통해 여전히 일정한 내부지분을 유지하고 있다. 동시에 사외이사 제도의 도입, 이사회에 감사위원회 설치, 비정규직 노동자와 성과급 확대라는 변화를 겪고 있다. 이런 새로운 기업 소유지배구조를 혼합형hybrid이라고 부르기도 한다. 2015년 기업 지배구조 코드의 도입으로 이런 혼합형 기업 소유지배구조는 중견기업들로 확산되고 있다(Miyajima and Saito, 2022).

5.

일본의 기업 밸류업 프로그램

2023년 시작된 일본의 기업 밸류업 프로그램은 2014년 이후 기업 소유지배 구조 개혁의 연장선상에서 내수 중심의 중견중소 기업들에 초점을 둔 것이다.

앞서 살펴본 것처럼, 아베노믹스의 세 번째 화살인 성장전략은 기업 소유지배구조 개혁을 통해 기업의 자기자본이익률ROE을 향상시키고 자본 투자를 증대해 경제성장의 엔진을 다시 점화하고자 했다. 이에 따라, 2014년에 GPIF는 스튜어드십 코드를 도입하고, 2015년 UN 환경계획 및 UN 글로벌 콤팩트의 파트너로서 책임투자를 지향하는 투자자 이니셔티브인 PRIPrinciples for Responsible Investment에 서명했다. GPIF는 기본적으로 기관투자자들에게 위임하여 투자운용을 하는데, 투자운용원칙에 '모든 투자자산에 대해 ESG요소를 반영한다'는 내용도 추가해 기금 운용 투자자에게 위임 시 평가에 반영했다. 그 결과, 일본은 2023년까지 스튜어드십 코드에 324개 기관투자자가 가입하게 되었다.

스튜어드십 코드 도입에 발맞춰 2015년부터 기업 지배구조 코드가 도입되었고, 도쿄증권거래소에 의해 기업 지배구조 공시가 의무화되었다. 기업 지배구조 코드는 2021년 개정을 거쳐 더 강화되었다. 2022년 4월에 도쿄증권거래소는 상장 시장을 대기업 중심의 프라임, 중견 기업 중심의 스탠더드, 그리고 신흥 기업 중심의 신흥으로 재편했는데, 특히 주요 대기업이 편입되는 프라임 시장에는 해외 투자자가 요구하는 정보 공시 기준과 기업 관여 요건이 도입되었다.

나아가, 2023년 3월에 도쿄증권거래소는 글로벌 투자자들의 진입을 유도하고 시장을 활성화시키기 위해, 주당 순자산가치PBR가 1배 미만인 프라임과 스탠더드 시장 상장기업들을 대상으로 자본수익성과 성장성을 높이기 위한 일본판 기업 밸류업 프로그램인 '자본비용과 주가를 의식한 경영'의 실천 방침과 구체적인 이행 목표를 매년 공개하도록 요구했는데, 이를 흔히 일본의 '기업 밸류업 프로그램'이라고 부르고 있다. 2023년 기준 PBR이 1배 미만인 동시에 자기자본이익률ROE이 8% 미만인 일본 기업의 비율은 프라임 시장 기준 약 49% 이상으로 알려져 있다.

일본
기업 밸류업 프로그램의 내용

도쿄증권거래소가 제시한 자본비용과 주가를 의식한 경영의 주요 프로세스는 다음과 같다. 먼저, 현황의 분석이다. 자사의 PBR(주당 순자산가치)과 ROE(자기자본이익률)를 정확히 파악하고, 이사회에서 그 내용과 시장 평가에 관해 분석과 평가를 실시하는데, 이때 고려해야 할 주요 사항은 WACC(가중평균자본비용), ROE, ROIC(투자자본수익률), PBR, PER(주가수익률), 주가 및 시가총액 등이다. 둘째, 개선 계획의 수립과 공시이다. 개선 방법과 목표, 기간 등 구체적 추진방안을 이사회에서 검토 및 수립하고, 해당 내용을 현황 평가와 함께 투자자에게 알기 쉽게 공시한다. 마지막으로, 주주와의 대화 촉진 및 공개이다. 개선 계획을 기반으로 자본비용과 주가를 인식하는 경영을 추진하고, 공시된 정보를 기반으로 투자자와 적극적으로 소통하며 소통 결과를 공시해야 한다.

이에 따라, 도쿄증권거래소는 기업지배구조보고서 작성 가이드라인을 개정했는데, 일본 기업 밸류업 프로그램 및 주주와의 대화 경과를 '기업 지배구조 원칙에 따른 공시' 부분에 공시하고 있는 경우에는 영문 공시 여부 및 열람 방법을 기재하고, 공시하지 않고 검토 중인 경우에는 구체적인 검토 상황 및 공시 예정 시기 등을 기재하도록 했다. 도쿄증권거래소는 또한 2024년 1월 15일부터 개별 상장기업 기업지배구조보고서 등에 구체적인 기업 가치 제고 노력을 기재한 기업명단을 매월 공표하기로 했다.

나아가 도쿄증권거래소는 프라임 시장 상장기업의 경우 독립 사외이사 비율을 이사회 구성원의 최소 1/3 이상 유지하고, 독립 사외이사로 하여금 회사의 조언자와 감독자 임무를 수행하도록 하며, 독립 사외이사 중 한 명을 이사회 의장으로 임명하도록 요구했다.

GPIF와 중앙은행은 2014년부터 기업 지배구조 개선에 가중치를 부여한 닛케이400 지수를 새로운 벤치마크로 하여 일본 주식을 매입하기로 밝힌 바 있는데, 2023년 6월에는 ROE가 자본비용보다 높고 PBR이 1을 초과하는 기업에게 높은 가중치를 부여하는 JPX 프라임 150 지수를 새롭게 만들고, 기관투자가로 하여금 JPX 프라임 150의 벤치마크 사용을 유도함으로써 일본 상장기업들이 스스로 기업 가치 제고에 나서도록 하고 있다.

일본의
기업 밸류업 프로그램에 대한 평가

도쿄증권거래소가 상장기업에 일본 기업 밸류업 프로그램을 요구한 이후, 2024년 1월 28일까지 닛케이225와 토픽스는 각각 24.8%, 22.5% 상승하며 나스닥(28.2%)을 제외하면 선진국 내에서 가장 높은 상승률을 기록했다. 그러나 〈그림 4〉에서 볼 수 있듯이, 일본 주가는 2014년 기업 지배구조 개혁이 시작된 이후에 추세적으로 상승하고 있었다.

지금까지의 논의를 돌이켜 볼 때, 우리나라에서는 2023년 2월 도쿄증권거래소의 '자본비용과 주가를 의식한 경영'의 실천 방침과 구체적인 이행 목표만을 일본의 기업 밸류업 프로그램으로 받아들이나, 사

〈그림 4〉 토픽스 지수(2009. 1.~2023. 12. 매월 첫 거래일 종가)

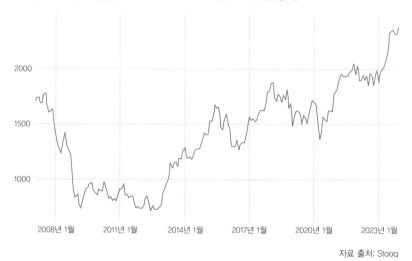

실 일본 기업 밸류업은 2014년 기업 지배구조 개혁부터 시작된 것이라고 판단하는 것이 더 타당하다. 2023년 이전까지 일본 증시의 주가 상승은 수출 중심의 우량한 기업들을 중심으로 기업 지배구조를 개선한 효과였다고 볼 수 있는데, 2023년 '자본비용과 주가를 의식한 경영'의 실천 방침과 구체적인 이행 목표는 내수 중심의 비우량 기업들로 이런 기업 지배구조 개혁을 확산하는 것이라고 해석할 수 있다.

그 결과, 2023년 3분기에는 도쿄증권거래소에 상장된 기업 중 PBR이 1배 미만인 기업의 비중이 45.8%로 2022년 4분기 50.6%보다 4.8%포인트 그리고 기업 숫자로는 180개가 줄어들었다. 일본 증시에서 2023년 3분기까지 PBR 1배 미만을 탈출한 기업이 가장 많은 산업은 산업재, IT, 경기재 등으로, 이들 기업은 2023년 4월 이후 현재까지 일본 증시 상승 기여도 상위 섹터를 구성하고 있다. 금융권의 경우 PBR

1배 미만을 탈출한 기업은 많지 않았지만 PBR 개선 폭이 컸다.

2014년 이후 일본의 기업 지배구조 개혁은 일본 주식시장의 수익률을 높이고 PBR의 개선을 이뤘다는 성과는 있지만, 애당초 목적이었던 경제성장을 재점화하는 성장전략으로서는 여전히 성공적이라고 평가할 수 없다. 일본 정부는 경제성장에서 중요한 것은 금융과 기업의 선순환 구조라고 판단했으며, 경제성장을 위해서는 안정적 자금 유입이 필요하고 이를 위해서는 기업 지배구조를 개선하고 기업의 재무적 지표를 향상시키면 해당 기업에 대한 투자를 유인하게 될 것으로 생각한 것이다. 그러나 일본 기업의 소유구조는 여전히 기존 대기업이 내부지분율을 일정하게 유지하는 혼합형이며, 기득권 기업 중심의 산업 및 경제구조라 할 수 있다. 따라서 혁신경제에서 요구하는, 산업 간 진화가 활발하게 일어날 수 있는 유연한 기업 소유구조에는 이르지 못한 것으로 판단된다.

제5장

헛다리 짚는
한국의 밸류업 정책

1.

정부의 기업 밸류업 프로그램

한국의 기업 밸류업 프로그램은 상장기업의 자발적 기업 가치 제고를 유인하기 위한 기업 이사회의 역할과 정부 지원에 초점이 맞춰져 있다.

금융위원회와 유관기관들은 2024년 2월 26일에 '한국 증시 도약을 위한 기업 밸류업 지원 방안 1차 세미나'를 열고, 상장기업의 자발적 기업 가치 제고 노력, 투자자의 시장 평가 및 투자 유도, 거래소 및 유관기관의 체계적인 프로그램 확산 지원 등의 '기업 밸류업 프로그램'을 발표했다. 이와 같은 기업 밸류업 프로그램을 도입하기로 한 배경으로 코리아 디스카운트를 꼽았는데, 2023년 말 기준으로 최근 10년 동안 코스피 및 코스닥 상장기업의 평균 PBR은 1.05이고, 코스피의 수익률은 21.7%에 불과한 점을 지적했다. 나아가 코리아 디스카운트의 원인으로 상장법인들의 미흡한 주주환원, 저조한 수익성 및 성장성, 개선이 필요한 기업 지배구조, 소수 대주주의 이익을 우선시하는 경영 문화 등을 지목했다.

기업 밸류업 프로그램은 '기업 가치 현황 진단 → 계획 수립 및 공시 → 이행 및 기관과의 소통' 과정을 거치는데, 특히 상장기업의 자발적 기업 가치 제고 노력을 강조하고 있다. 기업은 스스로 자본비용, 자본수익성, 지배구조, 주가 등 시장 평가를 감안한 자사 기업 가치를 분석해 현재 가치가 적정 수준인지를 평가하고, 이를 바탕으로 3년 이상의 중장기적 관점에서 자사에 적합한 기업 가치 목표 수준, 도달 시점 및 방안 등이 포함된 계획을 이사회를 중심으로 수립하고 이행해야 한다는 것이다. 또한 기업 밸류업 프로그램에 참여하는 상장기업들은 연 1회 자신의 홈페이지 또는 한국거래소에 기업 가치 제고 계획을 자율적으로 공시하고, 정부는 5종 세정 지원,[21] 우수기업 선정 및 표창,[22] 평가 우대 등 다양한 인센티브를 부여한다는 것이다.

한편 투자자들의 적극적인 투자를 유도하기 위해, 한국거래소 및 유관기관들은 기업 가치가 우수하거나 기업 가치의 제고가 기대되는 기업들을 중심으로 한 '코리아 밸류업 지수'를 개발하고 이와 연계된 ETF를 출시하며,[23] 밸류업 프로그램의 내용을 기관투자자들의 스튜

---

[21] 모범납세자 선정 우대, R&D 세액공제 사전심사 우대, 법인세 공제·감면 컨설팅 우대, 부가·법인세 경정청구 우대, 가업승계 컨설팅의 5종이다.

[22] 선정되면 상장 연부과금과 추가·변경 상장 수수료 면제 인센티브가 부여된다.

[23] 2024년 9월에 한국거래소는 시가총액과 거래대금, 주주환원, 자본효율성 등을 고려해 코스피, 코스닥 기업 중 100곳을 선별해 코리아 밸류업 지수를 발표했으며, 2024년 11월 4일 현재 11곳의 자산운용사들이 'KRX 코리아 밸류업 지수'를 기초지수로 한 ETF를 출시했다.

제5장 헛다리 짚는 한국의 밸류업 정책

어드십 코드에 반영해 연기금 등이 밸류업 프로그램에 참여할 것으로 기대하고 있다.

유관기관은 밸류업 프로그램의 정착을 위해 상장기업, 시장 관련 인, 전문가가 모두 참여하는 밸류업 지원 전담 추진체계를 마련한 다. 이를 위하여 한국거래소는 밸류업 지원 방안의 지속 추진을 위한 거래소 내의 전담부서 및 자문단을 구성하고, 거래소 전자공시시스 템KIND에 기업별 기업 가치 제고 계획, 투자지표, 우수사례 등을 제공 하는 통합홈페이지를 신설할 계획이다.

우수기업 인센티브 및
기업 가치 제고 계획 가이드라인

금융위원회는 2024년 4월 2일에는 '기업 밸류업 관련 회계·배당부 문 간담회'를 개최하고, 기업들의 밸류업 프로그램 참여를 유도하기 위해 우수기업 대상 인센티브를 더욱 확대했다. 2월에 발표한 5종 세 정 지원 외에 주기적 지정 감사 면제 심사 시 가점 부여 및 회계감리 제재 조치 시 감경사유로 반영 등이 세무회계 분야에 인센티브로 추 가되었고, 상장공시 한국거래소 연부과금 면제, 추가·변경 상장 수수 료 면제, 불성실 공시에 대해 벌점·제재금 1회 유예 등 상장공시 관련 인센티브도 추가되었다.

한국거래소는 2024년 5월 24일에 '기업 가치 제고 계획 가이드라인' 과 해설서를 발표했는데, 이 가이드라인은 "기업 개요-현황 진단-목 표 설정-계획 수립-이행 평가-소통"의 목차로 구성되어 있다. 특히 재무지표로 시장 평가(PBR, PER), 자본효율성(ROE, ROIC, COE, WACC), 주주환원(배당, 자사주 소각, TSR), 성장성(매출, 이익, 자산 증가율) 등을 제시하고, 비재무지표로 주주, 이사회, 감사기구 측면의 지배구조 등을 꼽고 있다. 6월 4일에는 개정안을 발표했는데, 최종 가이드라인에는 재무지표 현황 진단 지표로 R&D 투자지표, 비재무지표 현황 진단 지표로 지배구조 지표 예시 2종(내부감사 지원조직의 독립성, 내부감사기구 주요 활동내역의 공시), 계획 수립 시 사업 특성과 성장단계에 따라 기업별로 자율적인 공시를 할 수 있다는 점 등 3가지가 추가되었다.

이 가이드라인의 핵심은 자율성, 선택과 집중, 이사회 책임 등인데, 기업들은 이사회의 적극적인 참여하에 자율적으로 자신들의 특성에 맞는 계획을 수립하고 이를 통해 기업 가치를 제고하라는 의미이다. 또 기업 가치 제고를 통해 한국 자본시장의 재평가를 이루고, 국내외 투자자들의 신뢰를 강화한다는 목표를 제시했다.

기업지배구조보고서 가이드라인

한국거래소는 2024년 5월에 '기업지배구조보고서 가이드라인'을 개정해 상장기업이 밸류업 계획을 수립하고 소통에 활용하였는지를 기업지배구조보고서를 통해 공시하도록 했다. 기업지배구조보고서 내에 밸류업 계획 항목을 신설함으로써 상장기업의 기업 가치 제고를 위한 노력을 한눈에 파악할 수 있도록 하기 위함이다. 기업지배구조보고서 제출 의무법인은[24] 2025년 제출 보고서부터 밸류업 계획의 공시 일자, 이사회의 계획 수립 과정 및 참여 여부, 주요 논의 내용, 투자자 설명 여부와 소통 일자, 소통 채널, 소통 대상 등을 의무적으로 기재해야 한다.

한국거래소는 2024년 6월 4일에 '기업지배구조보고서 가이드라인' 개정안을 발표했는데, 기업지배구조보고서 제출 의무법인은 '기업지배구조보고서 가이드라인' 하위항목 '5. 기타사항'에 밸류업 계획과 관련된 내용을 공시해야 한다는 것이다. 또한 공시대상기간 개시 시점부터 보고서 제출 시점까지 기업 가치 제고 계획 공시 여부, 최근 3년간 기업 가치 제고 계획 공시 현황 및 기업 가치 제고 계획 수립, 공시 과정에 이사회 참여 여부, 공시대상기간 개시 시점부터 보고서 제출 시점까지 주주 및 시장 참여자와 기업 가치 제고 계획을 활용하여 소통한 실적이 있는지 여부 및 내용 등을 공시해야 하나, 기업 개요, 현황 진단, 목표 설정 등은 추가로 공시할 필요가 없게 되었다

---

24 2024년부터 직전 연도 연결재무상태표 기준 자산총액 자산 5천억 원 이상, 2026년부터 전체 유가증권시장 상장사가 해당된다.

2. 한일 기업 밸류업 정책 비교

기업 소유구조 개선 요구, '원칙준수 예외설명' 적용, 기관투자자의 적극적 관여 등에서 한국과 일본 기업 밸류업 정책에 근본적인 차이가 있다.

    1절에서 소개한 한국의 기업 밸류업 프로그램은 도쿄증권거래소가 2023년 3월에 '자본비용과 주가를 의식한 경영'의 실천 방침과 구체적인 이행 목표를 매년 공개하도록 요구한 일본판 기업 밸류업 프로그램을 거의 복제한 내용이라고 할 수 있다. 그러나 일본의 기업 밸류업 프로그램이 높은 평가를 받고 있는 반면에, 한국의 기업 밸류업 프로그램은 그 실효성에 지속적으로 의문이 제기되고 있다. 『한경비즈니스』가 2024년 6월 24일, 25일 양일간 증권사의 리서치센터장 20인과 자산운용사 펀드매니저 30인을 대상으로 진행한 '코스피 4000 시대를 위해 한국 자본시장이 나아가야 할 길'에 대한 설문조사에서, 정부의 기업 밸류업 프로그램에 대해 54%가 70점 미만의 부정적 평가를 했다.

제4장에서 상세히 다뤘듯이, 2023년 도쿄증권거래소가 발표한 기업 밸류업 프로그램은 2014년 이후 지속된 기업 소유지배구조 개혁의 연장선상에서 이뤄진 조치이다. 일본은 2014년 스튜어드십 코드와 2015년 기업 지배구조 코드를 도입했는데, 특히 일본 기업 지배구조 코드는 경영참호화를 위한 상호출자와 기업 인수 방어 장치를 해소하려는 목적과 조항을 지니고 있다. 이 조항은 다른 나라 기업 지배구조 코드에서 찾아보기 어려운 일본의 독특한 조항으로 평가된다. 이는 상호출자라는 일본 기업의 독특한 소유구조가 경영자가 개별 기업 수준에서 주주의 이익을 극대화하도록 하기보다는 경영참호화를 통해 경영자의 사익 추구에 악용될 수 있다는 우려를 반영한 것이다.

더불어 제3장에서 상세히 살펴봤듯이, 재벌이라는 기업 소유구조를 가진 한국 대기업들의 경우에 지배주주의 사익 추구를 위해 개별 기업 주주의 이익이 침해되는 사례가 빈번하다. 『한경비즈니스』의 '코스피 4000 시대를 위해 한국 자본시장이 나아가야 할 길'에 대한 설문조사에서, '자본시장의 성장을 막는 가장 큰 걸림돌은 무엇이라고 생각하느냐'는 질문에는 '기업의 거버넌스(34%)'를 가장 많이 꼽았고, 2위로 '주주친화적이지 않은 정책(20%)'을 들었다. 한국 기업의 지배주주 중심적인 소유지배구조가 자본시장 성장을 가로막고 있다는 의미다.

그럼에도 불구하고, 한국 기업 밸류업 프로그램은 기업 소유구조 개혁이나 개선에 대한 어떤 구체적 내용도 포함하고 있지 않다. 또한 일본의 기업 지배구조 코드와 달리, 한국의 기업지배구조 모범규준과 기업지배구조보고서 공시에는 이런 기업 소유구조에 대한 내용은 없다.

기업지배구조 모범규준과 기업지배구조보고서 공시

앞서 언급했듯 기업 지배구조 코드는 영국에서 2010년 재무보고위원회가 회사법의 일부로서 처음 도입했으며, 이 코드의 원칙을 지키되 원칙을 못 지킬 경우에 합당한 설명을 하라는 '원칙준수 예외설명' 방식을 채택했다.

그런데 한국의 경우에는 기업 지배구조 코드가 도입되기 이전인 1999년에 이미 '기업지배구조 모범규준'이 도입되었는데, 1997년 경제위기 이후에 기업의 불투명한 지배구조를 개선하기 위한 것이었다. 이후 '기업지배구조 모범규준'은 2003년, 2016년, 2023년에 개정되었다. 그러나 모범규준은 기업들에게 모범적인 규준을 제시하는 것에 불과하다는 측면에서 기업 지배구조 코드와 차별된다.

2017년 3월에는 금융당국이 기업 경영 투명성 및 시장 견제기능의 강화를 위해 '기업지배구조 모범규준'에 기초하여 '기업지배구조보고서 공시제도'를 도입했다. 도입 초기에는 자율공시 형태로 운영하였으나, 기업의 참여율이 저조하고 공시정보의 수준이 낮아, 2019년에 직전 연도 연결재무상태표 기준 자산총액 2조 원 이상 유가증권 상장사를 대상으로 그리고 2024년부터는 직전 연도 연결재무상태표 기준 자산총액 자산 5천억 원 이상 상장사에게 공시를 의무화했고, 이후 단계적으로 범위를 확대하여 2026년에는 유가증권시장 전체 상장기업에 적용할 예정이다.

'기업지배구조보고서 공시제도'는 상장기업이 지배구조 핵심원칙 10개 및 세부원칙 28개 준수 여부를 공시하고, 준수하지 못하는 경우에는 그 사유를 설명하도록 하는 '원칙준수 예외설명' 방식을 통해 기업 지배구조의 개선을 유도하는 것을 목적으로 한다. 그러나 국내 상장기업의 기업지배구조보고서를 분석한 결과 준수율이 낮은데, 특히 '이사회 의장과 대표이사 분리(19.5%)', '독립적인 내부감사부서 설치(47.5%)', '최고경영자 승계정책 마련(34.5%)' 지표의 준수율이 상대적으로 미흡하다(KRX, 2023). 또한 이사회에 대한 지배주주의 과도한 영향력을 통제하기 위한 핵심지표로서 '이사회 의장과 대표이사 분리'와 '독립적인 내부감사부서 설치' 미준수 기업의 각각 98%, 58%가 미준수 사유를 전혀 설명하지 않는 등 설명의 충실도가 현저히 떨어지는 것으로 드러났다(김우진·이민형·김유경, 2023).

금융위원회는 2023년 10월 12일 '기업지배구조보고서 가이드라인'의 개정안을 발표했는데, 각 원칙의 준수 여부를 100자 이내로 간략 기술하고 세부원칙 준수 판단의 근거가 되는 세부 정책 시행 여부를 O/X로 기재하도록 개편하였다. 또한 2024년 6월 4일에 '기업지배구조보고서 가이드라인' 개정안을 통해, 가이드라인 하위항목 '5. 기타사항'에 밸류업 계획과 관련된 내용을 공시하도록 했다. 그러나 '원칙준수 예외설명'을 적극적으로 요구하는 기관투자자의 존재 없이, '기업 지배구조보고서 공시제도'의 실효성이 담보될 수 있을지는 의문이다.

한국 기업지배구조보고서와
일본 기업 지배구조 코드

일본의 기업 지배구조 코드와 달리, 한국의 '기업지배구조보고서'는 기업 소유구조 개혁이나 개선에 대한 어떤 구체적 내용도 포함하고 있지 않다. 일본 기업 지배구조 코드는 '세부원칙 1.4(Principle 1.4 Cross-Shareholdings)'에서 다른 상장회사의 주식을 보유하고 있는 회사는 상호출자를 줄여 나갈 방안을 포함해 상호출자를 유지하는 구체적 이유를 공시하도록 요구하고 있으며, 나아가 이사회가 상호출자의 목적이 적절한지와 이에 따른 비용과 편익을 구체적으로 평가하고, 평가한 내용을 공시하도록 요구하고 있다. 또한 기업들은 상호출자에 따른 투표의 구체적 기준을 세우고 이를 공시하며, 실제 이 기준에 따라 투표했는지 공시해야 한다.

나아가, 일본 기업 지배구조 코드는 '세부원칙 1.5(Principle 1.5 Anti-Takeover Measures)'에서 기업 인수합병 방어수단이 경영이나 이사회의 참호화와 무관해야 하며, 기업 인수합병 방어수단의 채택이나 실행은 이사회와 감사가 주주에 대한 충실의무라는 관점에서 그 필요성과 근거를 면밀히 살펴야 한다고 명시하고 있다. 이와 더불어, '세부원칙 1.6(Principle 1.6 Capital Policy that May Harm Shareholder Interests)'에서는 기업 지배권의 변화나 상당한 지분 희석을 야기할 수 있는 주식 발행 및 자사주 매입과 같은 정책 역시 이사회와 감사가 주주에 대한 충실의무라는 관점에서 그 필요성과 근거를 면밀히 살펴야 하고, 주주들에게 충분한 설명을 제공해야 한다고 명시하고 있다. 이 외에도 원칙 2(Section 2)는 ESG 및 여성들의 능동적 참여와 다양성과 관련해 이해관계자stakeholders와의 적절한 협력에 관한 코드를 담고 있으며, 특히 내부고발에 대한 적절한 프레임워크를 확립해야 함을 명시하고 있다.

3.

기관투자자와 기업 밸류업

국민연금의 스튜어드십 코드를 활용한 '원칙준수 예외설명' 적용과 적극적인
관여 없이 기업 밸류업 프로그램은 성공할 수 없다.

정부의 기업 밸류업 프로그램의 실효성에 의문이 제기되는 또 다른
이유는 기관투자자의 역할이 매우 소극적이기 때문이다. 최초의 스튜
어드십 코드는 영국에서 2010년 회사법의 일부로서 기업 지배구조 코
드와 함께 도입되었다. 스튜어드십 코드는 자산투자자와 의결권 자문
기관, 투자상담사, 자료 제공 사업자와 같은 금융자산 서비스 사업자
가 자발적으로 수탁자의 이익을 위해 기업 지배구조를 능동적으로 감
독하고 관여하는 것을 목적으로 한다. 스튜어드십 코드와 기업 지배
구조 코드가 함께 도입됨으로써, 기관투자자들은 스튜어드십 코드에

따라 기업들이 기업 지배구조 코드를 지키지 않을 경우에 합당한 설명을 요구하는 '원칙준수 예외설명'을 적용하는 것이다.

한국에서도 2016년 12월에 스튜어드십 코드가 제정되었으나, 대표적인 기관투자자인 국민연금의 스튜어드십 코드 참여는 문재인 정부의 100대 국정과제에 스튜어드십 코드가 포함된 뒤인 2018년 7월에야 실제로 이뤄졌다. 그러나 기업 지배구조 코드는 여전히 도입되지 않고 있는 실정이고, '기업지배구조보고서'도 기업 소유구조 개혁이나 개선에 대한 어떤 구체적 내용도 포함하고 있지 않다. 이는 일본이 2014년에 아베노믹스의 일부로 일본 스튜어드십 코드와 일본 기업 지배구조 코드를 동시에 도입한 것과 대비되는데, 실제로 일본의 대표적인 기관투자자인 GPIF는 업무위탁을 받은 투자회사들이 스튜어드십 코드와 기업 지배구조 코드의 연계적 활용을 통해 적극적으로 기업 소유지배구조 개선 노력과 이를 위한 투표행위를 진행했는지를 업무위탁의 주요 판단 근거로 활용하고 있다.

국민연금의
스튜어드십 코드

한국 국민연금이 채택한 스튜어드십 코드는 7개의 원칙을 가지고 있는데, 정책과 지침에 관련해서는 (원칙 1) 수탁자 책임 정책의 제정 공개, (원칙 2) 이해상충 방지 정책의 제정 공개, 주주활동과 관련해서는 (원칙 3) 투자대상회사의 주기적 점검, (원칙 4) 주주활동 수행을 위한 지침 제정 및 준수, (원칙 5) 충실한 의결권 행사를 위한 의결권 정책 및 행사 내역·사유 공개, (원칙 6) 고객 대상의 주기적인 주주활동 보고, 그리고 역량·전문성과 관련해서는 (원칙 7) 역량·전문성 강화를 통한 주주활동의 신뢰도 제고 등을 제시하고 있다. 또 이 원칙의 실행을 위해 '국민연금기금 수탁자 책임에 관한 원칙'과 '국민연금기금 수탁자 책임 활동에 관한 지침'을 채택했다. 그러나 국민연금은 스튜어드십의 적용에 여전히 매우 소극적이다.

2018년 7월에 채택된 '국민연금기금 수탁자 책임 활동에 관한 지침'은 주주활동 시행 계획을 담고 있는데, 특정 기업에 대해서 국민연금은 면담이나 서신 등 비공개적 방법으로 사실관계, 논란에 관한 회사 측 입장이나 방안을 문의하고 해결 방안도 제시할 수 있다. 이런 비공개 활동으로 문제가 해결되지 않는 경우에 국민연금은 해당 기업을 비공개 중점 관리 기업으로 선정해 집중적이고 장기적으로 대화하되, 기업에서 대화를 거부하거나 문제가 해결 기미를 보이지 않는다면 공개 주주활동으로 전환한다는 것이다. 공개 활동에는 중점 관리 대상 기업 명단 공개, 공개 서한 발송 등이 포함됐다.

국민연금은 보다 적극적인 형태의 주주활동 계획도 공개했는데, 대표적으로 대표소송이나 손해배상소송 등의 법정 소송 제기를 꼽을 수 있다. 또 위탁운용사에 의결권 행사를 위임하는 간접적인 방식으로 주주활동을 수행할 수 있다는 점도 명시했다.

이 밖에도, 대상기업을 특정하지 않는 주주활동으로서 이사회 구성·운영, 이사·감사 선임 등과 관련한 일반 원칙인 기업 지배구조 가이드라인을 공개하기로 했다. 배당 정책, 임원 보수 한도, 법령 위반 우려로 인한 기업 가치 훼손, 주주 권익 침해 가능 사안, 지속적 반대

〈표 6〉 주주활동 유형 및 시행 시기

구분	유형	비고	공개	시행		
				'18년	'19년	'20년
대상 회사 미특정	기업지배구조 가이드라인 공개		●		●	●
	중점 관리 사안 선정/공개	일부 공개('18.7)	●		●	●
대상 회사 특정	서신 교환	예상 못 한 이슈는 '18년 시행	×	▲	●	●
	대화	예상 못 한 이슈는 '18년 시행	×	▲	●	●
	중점 관리 회사 공개	예상 못 한 이슈는 '18년 시행	●	▲	●	●
	공개 서한 발송	예상 못 한 이슈는 '18년 시행	●	▲	●	●
	의결권 행사 내역 사전 공개	전문위 의결	●	●	●	●
	주주제안, 임원후보 추천	기금위 의결 전제	●		○	○
	의결권대리행사권유	기금위 의결 전제	●		○	○
	주주대표소송	'18년 기준 마련	●		●	●
	손해배상소송	'18년 기준 마련	●	●	●	●
간접 활동	위탁사에 의결권 행사 위임	자본법 시행령 개정	●		●	●

출처: 송민경(2019)

의결권 행사에도 개선이 없는 사안 등 중점 관리 사안을 명시하면서도, 여기에 포함되지 않은 사안에 대해서도 주주활동을 수행할 여지를 열어 두었다.

〈표 6〉에 요약되어 있듯이, 대다수 주주활동은 2019년부터 시행하

되, 의결권 행사 내역을 주주총회 전에 공개하는 범위 설정이나 법정 소송 제기 근거 및 기준 마련 등은 2018년 연내 마무리하기로 방침을 정했다.

스튜어드십 코드
활동 평가

그러나 2018년 7월에 '국민연금기금 수탁자 책임 활동에 관한 지침'에서 채택된 주주활동 시행 계획은 제대로 이뤄지지 않고 있는 실정이다. 스튜어드십 코드 도입 이후 첫 정기 주주총회 시즌인 2019년 3월 대한항공 주주총회에서 총수의 이사 연임이 최초로 부결되기는 했으나, 여전히 국민연금은 주주총회에서 실효적인 찬반 의결권 행사뿐 아니라 사외이사 후보 추천 등 주주제안, 의결권 위임장 대결과 같은 적극적인 주주권 행사에 소극적 자세로 일관하고 있다.

'이사회 구성과 운영에 관한 가이드라인'은 여전히 마련되지 않고 있는데, 사외이사 후보 추천 요청에 대비하여 2019년에 인력풀 마련 등의 준비과정을 거쳐 2020년부터 시행할 수 있도록 하겠다는 계획은 여전히 이행되지 않고 있다. 또한 위탁운용사 선정 및 평가 시에 스튜어드십 코드 도입·이행 여부에 가산점을 부여하고 의결권 행사는 위탁운용사에 위임하는 문제에 대해서도 여전히 논쟁 중이다.

국민연금은 기업의 배당 정책, 임원 보수 한도의 적정성, 횡령·배임·부당지원 행위, 경영진 사익편취 행위 등 기업 가치를 훼손하거나 주주 권익을 침해할 수 있는 사안 등을 중점 관리 사안으로 정했다. 문제가 있을 경우 비공개 대화를 통해 경영진에 개선을 요구하되, 개선이 없으면 비공개 중점 관리 기업 선정, 공개 중점 관리 기업 선정 등의 단계를 밟겠다는 것이다. 그러나 국민연금은 2020년 비공개 대화 대상 기업 중 2개의 회사만 비공개 중점 관리 기업으로 선정했으며, 공개 중점 관리 대상 기업은 밝힌 적이 없다. 2021년에는 중점 관리 대상으로 선정한 기업이 하나도 없었다.

주주대표소송, 손해배상소송 시행근거, 소제기 요건 마련 등도 재계 반발 등으로 보류 중이거나 재검토 대상으로 언급되고 있는 실정이다. 2022년부터 주주대표소송을 제기하기 쉽도록 수탁자책임전문위가 소송 결정 권한을 가지게 되었으나, 세부적인 지침 마련 미비로 실질적인 이행은 보류 중이다.

4.
주주친화적 정책과 기업 밸류업

주주의 비례적 이익 보호와 의무공개매수제도는 주주친화적 정책으로서 기업 밸류업에 필요한 법제도이나, 정부는 이에 대해 소극적이다.

앞서 언급한 『한경비즈니스』의 설문조사에서, 과반이 넘는 26명 (52%)은 한국 자본시장의 현재 점수를 묻는 질문에 'C 학점' 이하를 주었다. 또한 글로벌 주요 증시와 비교해 한국 증시의 현재 점수를 묻는 질문에 20%가 50점 미만이라고 답했고, 50점 이상~60점 미만을 선택한 응답자는 18%, 60점 이상~70점 미만을 선택한 응답자는 14%로 전체의 과반이 현재 증시 상황을 부정적으로 보았다. '자본시장의 성장을 막는 가장 큰 걸림돌은 무엇이라고 생각하느냐'는 질문에는 '기업의 거버넌스(34%)'를 가장 많이 꼽았고, 그다음으로 '주주친화적이지 않은 정책(20%)'을 들었다.

주주친화적이지 않은 정책이 만연한 이유 중 하나로 한국은 상법상 기업의 이사가 '주주'를 위해야 한다는 충실의무가 명시되어 있지 않기 때문이다. 위 설문조사에서 전문가들은 한일 기업 밸류업 프로그램의 효과가 상이한 가장 큰 이유로 상법 등 법체계(36%)를 꼽았다. 일본의 회사법도 이사의 충실의무에 '주주'를 명시적으로 넣지는 않았으나, 최근 해석론이나 일본 경제산업성이 공표한 '공정한 M&A 지침' 등을 통해 소수주주의 이익을 보호하기 위한 방안을 내놓고 있다.[25]

일본 경제산업성이 2019년 공표한 '공정한 M&A 지침'은 소수주주(일반주주)의 이익 확보를 기본 원칙으로 둔다는 조항을 명시하고, 지배주주와 소수주주의 이해상충 시에 소수주주를 보호하기 위한 내용을 별도로 담고 있다. 또한 일본 회사법 해석론에는 '회사 이익과 주주 이익은 동일하며 주식회사의 영리법인 특성상 이사의 의무는 주주의 이익을 극대화할 의무로 연결된다', '의무 위반 시 일본 회사법에 따라 이사는 주주에 대한 손해배상을 책임져야 한다' 등을 명시하고 있다.

문제는 기업 밸류업을 위해서 이와 같이 꼭 필요한 정책이 있으나 한국 정부는 '기업에 부담이 된다'며 추진에 소극적이라는 점이다. 도대체 '주주에게 도움이 되지만 기업에게 부담이 된다'는 말이 무슨 의미인지 알 수 없는 노릇이다.

---

25 미국, 영국 등 주요국은 법령 또는 판례법으로 주주의 이사에 대한 충실의무(duty of royalty)를 인정하고 있으며, OECD 가이드라인도 마찬가지이다.

주주의 비례적 이익 보호를 위한
상법 개정

2024년 5월 9일 제1차 경제이슈점검회의에서 윤석열 대통령은 기업 밸류업 지원 방안과 관련하여 "투자자들의 이익을 보호할 수 있는 기업 지배구조 개선에 대해서도 구체적인 방안을 신속히 마련해 달라"라고 지시했다. 그러나 법무부는 원칙적으로 회사의 이익과 총주주의 이익은 일치하므로 회사에 대한 이사의 책임 등에 관한 현행 상법 규정을 통해 주주 이익을 보호할 수 있고, 회사의 이익과 일부 주주의 이익이 충돌하는 경우 해결할 수 있는 다른 방안이 있으며, 이사의 충실의무에 주주를 대상으로 포함하는 것은 상법상 이사와 주주의 관계를 전면 재정립하는 것이기 때문에 신중한 검토가 필요하다는 입장이다. 우리 법무부가 얼마나 기득권 중심적으로 사고하는지 보여 주는 일례이다.

현행 상법 제382조의3은 이사의 의무로서 법령과 정관의 규정에 따라 회사를 위하여 그 직무를 충실하게 수행할 것을 명시하고 있다. 그런데 대법원은 에버랜드 전환사채 판결에서 이사의 충실의무 위반 여부와 관련하여 회사와 주주의 이익을 별개로 구분하고, 이사의 충실의무 대상은 회사의 이익에 한정하는 것으로 해석한 바 있다.[26] 이 판결 이후, 일반 소수주주의 이익이 침해되더라도 회사의 이익이 침해되지 않는다면 해당 의사 결정을 한 이사에게는 아무런 책임을 물을 수 없게 된 것이다. 이 판결이 깔고 있는 '회사의 이익과 주주의 이익을 달리

---

26 대법원 2009.5.29. 선고, 2007도4949 전원합의체.

볼 수 있다'는 생각은 뿌리 깊은 재벌 자본주의의 결과이고 주주 자본주의에 대한 사법부의 몰이해를 반영하는 것이다. 따라서 이런 잘못된 판례를 바로잡기 위해서라도 이사의 충실의무 대상에 주주를 포함하는 내용의 상법 개정이 필요하다.[27] 법무부도 이를 모를 리 없다.

이사의 충실의무 대상에 주주의 비례적 이익을 고려하도록 하면, 사전적으로 또 사후적으로 이사들이 소수주주 친화적인 결정을 하도록 유인하게 된다. 사전적으로 이사는 지배주주와 소수주주 간 이해 충돌 여부와 주주 모두의 이익에 부합하는 것인지 여부를 검토해 의사 결정을 내리게 될 것이고, 사후적으로는 이사가 이를 소홀히 한 경우에 주주는 자신이 입은 손해에 대해 소송과 같은 법적 권한을 행사할 수 있기 때문이다(경제개혁연대, 2024).

의무공개매수제도

의무공개매수제도란 지배주주로부터 지배지분을 매입하여 경영권을 취득하고자 하는 인수인이 피인수 회사의 소수주주에게도 지배지분을 매입한 가격으로 지분을 매각할 것을 제안하고 이를 공개매수하도록 의무화하는 제도이다. 따라서 의무공개매수제도는 경영권 프리미엄을 모든 주주가 공유하고 소수주주에게 자본회수 기회를 부여하는 소수주주 보호 방안 중 하나이다.

---

27 이와 관련해 21대 국회에서 이용우 의원이 대표발의한 상법 개정안(의안번호 2114916)과 박주민 의원이 대표발의한 상법 개정안(의안번호 2119370) 두 건의 법안이 제출되었으나 국회 임기만료로 자동폐기되었다.

EU, 영국, 일본 등은 의무공개매수제도를 채택하고 있고, 미국의 경우는 의무공개매수제도가 실효적으로 적용되고 있다. 2022년에 우리나라 금융위원회도 매수물량에 제한을 두는 의무공개매수제도를 제안한 바 있다. 즉, 자본시장법상 상장회사(대상회사) 주식의 25% 이상을 보유하여 최대주주가 되는 경우에 대상회사 주식의 50%+1주가 될 때까지 다른 소수주주들에게 그 최대주주가 지배주주로부터 인수하기로 한 주식 가격과 동일하게 매도할 기회를 부여하는 것을 법률로 강제하는 내용이었다. 이는 1997년 1월 구 증권거래법에 도입되었다가 1년 만에 폐지된 의무공개매수제도를 재도입하는 것이라 할 수 있다.

그러나 금융위원회가 제안한 의무공개매수제도로는 경영권 프리미엄을 모든 주주가 공유하고 소수주주에게 자본회수 기회를 부여하는 제도의 취지를 충분히 살리기 어렵다. 해외 사례처럼 의무공개매수제도가 온전히 도입되면, 기업 소유구조의 개선도 부수적으로 이뤄질 수 있다. 의무공개매수제도로 인해 기업 인수 시 전량 인수full takeover가 이뤄지면 피라미드식 출자와 지배주주의 현금청구권 괴리 문제로 인한 사익편취의 유인도 억제될 수 있다.

의무공개매수제도가 도입되면 기업 인수 시장이 위축될 것이라는 우려는 기업 인수합병이 우리보다 더 활발한 미국이나 유럽을 보면 기우일 수 있다. 또 MBK파트너스의 오스템임플란트 인수사례를 보더라도, 우리의 경우에 이런 우려가 지나친 것임을 알 수 있다.[28]

---

28 MBK파트너스는 소수주주에 대한 공개매수 가격을 지배주주 지분 인수가격과 동일한 주당 19만 원으로 책정했고, 소수주주 보유지분 전량에 대해 공개매수를 자발적으로 제의했다.

제5장 헛다리 짚는 한국의 밸류업 정책

5.

기업 밸류업의 오남용

정부는 기업 밸류업의 본질은 외면한 채 기업 밸류업이라는 이름으로 증시 부양이나 부자 감세를 추진하고 있다.

기획재정부는 2024년 7월 25일 세제발전심의위원회 전체회의를 개최하여 '2024년 세법개정안'을 발표했다. 윤석열 정부의 세 번째 감세안이었다. 윤 정부는 출범 첫해인 2022년 법인세율 인하와 다주택자 중과 완화 등 13조 원에 달하는 기업-부자 감세를 단행했다. 2024년 세법개정안의 세수 감소 효과는 약 4조 4000억 원으로 추정되는데, 상속세 개편이 세수 감소의 대부분을 차지한다.

이번 상속세법 개정안에서 10%의 세율이 적용되는 상속세 최저 구간을 1억 원 이하에서 2억 원 이하로 상향했고, 30억 초과인 상속세 최고 구간을 없앴다. 여기에 더해, 최대주주 보유 주식 할증평가도 폐지하겠다는 것이다. 최대주주 보유 주식 20% 할증평가는 경영권 프리미엄이라는 무형자산에 대한 과세이다. 앞서 논의했듯이, 2018년 한국지배구조연구원 보고서에 따르면, 한국의 경영권 프리미엄은 평균 50% 내외에서 형성되고 있다. 기존 할증평가 역시 이미 최대주주에게 매우 유리한 것이다.

이처럼 대규모 상속세 감면을 추진하는 이유 중 하나로, 상속세 부담으로 경영자가 기업 주가를 찍어 누르게 되므로, 상속세 개편은 기업의 주가를 높이는 기업 밸류업 조치의 하나라는 주장도 있다. 기업 밸류업에 대한 기본적인 이해가 없는 주장이다. 저평가된 기업의 주가를 끌어올리도록 유인하거나 강제하는 정책을 기업 밸류업 프로그램이라고 정의할 수 있는데, 증권거래소나 정부가 주도하는 기업 밸류업 프로그램이 필요한 이유가 무엇인가에 대한 기본적인 성찰이 없음을 보여 줄 뿐이다.

제3장에서 살펴봤듯이, 한국 재벌 총수일가는 기업집단 전체 지분의 약 3~4% 정도로 계열사 간의 출자를 활용해 기업집단 전체를 사실상 지배하고 경영을 좌지우지하고 있다. 이런 기업 소유구조하에서 재벌 총수가 사실상 계열사의 사외이사를 선택하고, 따라서 사외이사 제도라는 기업 지배구조는 작동하지 않게 된다. 재벌 대기업에서는 전문경영인의 사익편취가 아니라 지배주주인 총수일가의 사익편취가 문제인 것이다. 주요 계열사에만 높은 지분을 지닌 총수일가는 계열사 간의 일감 몰아주기나 상표권 거래, 개별 계열사에서의 높은 보수와 자사주 활용 등으로 사익을 편취하고 있다. 또 최근 두산로보틱스

의 두산밥캣 인수합병 건처럼 계열사 간 합병을 통한 사익편취 사례
도 빈번히 발생하고 있다.

제4장에서 논의했듯이, 2023년 3월에 도쿄증권거래소가 주당 순자
산가치가 1배 미만인 상장기업들을 대상으로 시행한 기업 밸류업 프
로그램이 성공적이라고 평가받는 이유는 2014년 이후 지속적으로 이
뤄진 기업 소유지배구조 개혁의 연장선상에 있기 때문이다. 이런 일
련의 개혁으로 일본 기업들의 상호출자가 상당히 해소되었고, 미국식
기업 지배구조가 작동할 여건이 마련되고 있다. 상속세를 깎아 준다
고 재벌 총수일가의 사익편취가 없어질 리 없다. 기업 밸류업의 핵심
은 소유지배구조 개혁이다. 상속세 감면은 명백한 부자 감세이고, 필
시 우리 사회의 계급화를 가속화하는 부작용을 낳을 것이다.

법인세 감면과
배당소득 분리 과세

'2024년 세법개정안'에서는 기업 밸류업 자율공시를 이행하고 배당
이나 자사주 소각으로 주주환원을 늘린 코스피·코스닥 상장기업에
대해서 직전 3년 평균 대비 주주환원 증가액 중 5% 초과분에 대해 5%
세액공제를 적용한다. 또한 주주환원을 늘린 기업의 개인주주에 대해
서는 다음 연도에 받을 현금배당액 중 일부를 저율로 분리 과세한다.
법인세 감면으로 상장회사의 기업 밸류업 참여를 유인하고, 배당소득
분리 과세로 개인투자자들이 상장기업의 기업 밸류업 참여를 독려하
도록 하겠다는 의도로 보인다.

일단 정부도 배당을 늘리고 자사주를 소각하는 것이 기업 밸류업을 위해 필요하다고 인식하고 있다는 점에서 긍정적이다. 한국 기업들이 사내유보이익은 상대적으로 많고 배당율은 낮다는 것은 이미 잘 알려져 있는 사실이다. 그런데 문제는 이런 사내유보이익과 배당에 대한 기업의 결정이 모든 주주의 이익을 극대화하기 위한 것이 아니라 지배주주의 이익을 극대화하기 위한 것이란 점이다. 사내유보이익이 기업의 장래를 위한 투자 재원으로 쓰이기보다 계열사 주식 취득이나 자사주 취득 등에 사용될 개연성이 높고, 지배주주의 지배력 확대나 세대 간 세습에 이용되기 때문이다. 이는 배당율을 높이는 것이 주주친화적 기업 정책이고 기업 밸류업에 부합한다고 판단하는 이유이다.

그런데 정부의 이런 세제 유인이 지배주주의 사내유보이익을 활용한 사익편취의 유인을 상쇄할 정도인지에 대해서는 대부분 전문가가 회의적이다. 또 세금 감면은 보조금을 주는 것과 사실상 국가재정 측면에서 동일한데, 기업에 보조금을 주면서 기업 밸류업을 하라고 유인한다는 것 역시 적절한 재정지출이라고 생각하기 어렵다. 자사주의 경우는 소각하도록 법적으로 강제하면 깨끗하게 해결될 문제이고, 국고 손실을 굳이 초래할 필요도 없다. 또 기업이 주주의 이익을 극대화하는 배당 정책을 유인하는 것은 기업 밸류업 정책의 결과이지 목적이 아니다. 주객이 전도된 것이다.

금융투자소득세

금융투자소득세는 주식과 채권, 펀드, 파생상품 등 자본시장법상

금융투자 상품으로 얻은 소득에 대해 매기는 세금을 말한다. 연간 기준금액으로 국내 상장주식·공모주식펀드 5천만 원 그리고 그 이외 금융투자로 250만 원이 넘는 소득을 낸 투자자에게 초과액의 20%, 3억 원 초과분부터는 25% 세율로 세금을 부과하는 것이다.

근로소득세와 비교해 보면, 금융투자소득세율은 매우 낮은 수준이다. 근로소득세의 경우 과세표준이 5천만 원을 초과하면 24% 세율이 적용되고, 3억 원을 초과하면 40% 세율이 적용된다. 또한 다른 금융소득에 비해서도 매우 특혜를 주고 있다. 국내 상장주식에 대한 5천만 원 공제액도 매우 높을 뿐 아니라, 금융투자소득은 종합과세에 포함되지 않기 때문이다. 예를 들어, 이자소득과 배당소득은 연 14%로 원천징수되고, 2천만 원 초과분은 종합소득세에 합산된다.

금융투자소득세가 시행되지 않고 있는 현재, 주식 투자로 발생한 금융소득에 대해서는 극히 일부 투자자에게 양도소득세가 적용되고 있는데, 국내 상장주식의 양도소득세는 종목당 주식 보유액 50억 원 이상 또는 코스피 상장기업의 1% 또는 코스닥 상장기업의 2% 이상 지분을 가진 대주주에게 부과된다.

한국예탁결제원에 따르면, 2023년 12월 31일 기준으로 개인투자자가 전체 투자자의 99.1%를 차지하나, 전체 상장주식 수의 50.7%만을 보유하고 있다. 나머지 49.3%는 기관과 외국인이 보유하나 금융투자소득세 적용 대상이 아니다.[29] 금융투자소득세가 시행되면, 적용 대상은 전체 개인투자자의 1% 수준인 약 14만 명으로 추정된다. 그런데

---

29 이들은 이미 법인세나 자국 세법의 적용을 받고 있다.

대손결손금 이월 공제를 5년간 허용하기 때문에 실제로 과세 대상자는 더 적을 수 있다. 그럼에도 불구하고, 금융투자세 도입으로 자본이 해외로 이전되어 주가가 하락하는 충격이 올 수 있다고 반대하는 의견이 존재한다. 결국 대주주 과세기준을 주기적으로 피하고 양도차익 규모가 최소 수억 원을 초과하는 개인투자자의 비중과 이들의 국내 시장 이탈 여부가 금융투자세 도입의 충격을 가늠하게 할 수 있다.

그렇다면 금융투자세 도입으로 영향을 받을 주식 투자금액은 어느 정도일까? 가용한 자료를 이용해 어림잡아 계산해 볼 수는 있다. 상장주식을 5억 원 이상 보유한 투자자가 연 10% 이상 수익을 낸다는 가정하에서, 금융투자세 적용을 받을 투자자는 전체 투자자의 1%에 해당하는 약 14만 명이라고 흔히 이야기한다. 또 이들이 개인 보유금액의 53%를 차지하고, 50억 이상 주식을 보유한 개인투자자의 비중이 34.4%라는 한국예탁결제원의 자료도 있다(김윤나영, 2024). 예탁결제원 보도자료에 따르면, 2020년 말 기준으로 개인투자자의 주식 보유액 비중은 전체 시가총액의 28%이고, 10억 원 이상 주식을 보유한 0.5%의 개인투자자들이 전체 개인 보유금액의 49.4%를 차지한다.

주식 양도소득세 과세 대상인 대주주 기준이 과거 1주당 10억 원 이상 보유로 강화되었을 때도 주식시장에 유의미한 영향이 없었음을 고려하면, 주식을 5억 원에서 10억 원 사이로 보유한 개인투자자들이 주로 금융투자세의 영향을 받으리라고 추측할 수 있는데, 이들의 주식 보유비율은 전체 시가총액의 1%[=(53%-49.4%)×28%] 수준이다. 50억 원 보유자까지 확대해도 이 비중은 약 5.2%이다. 실제로, 기재부가 예상한 상장주식 금융투자세 수입은 1.5조 원으로, 2022년 대주주의 상장주식 양도세 1.9조 원에도 못 미친다. 금융투자세 적용 대상 주식 보유액이 그리 많지 않음을 추론할 수 있다.

그런데 무엇보다, 금융투자세를 폐기하는 것이 기업 밸류업 정책의 일부라는 주장은 터무니없는 것임을 분명히 이해할 필요가 있다. 오히려 금융투자세 도입은 한국 자본시장의 투명성을 제고해 기업 밸류업에도 도움이 될 수 있다. 한국 자본시장의 병폐 중 하나는 이른바 작전세력에 의한 주가조작이 빈번히 일어나고 있다는 것이다. 이런 주가조작에는 차명계좌가 왕왕 이용되는데, 금융투자세가 없는 경우에 국내 상장주식 거래에 대한 정보를 금융범죄 적발과 같은 예외적 경우를 제외하고 사후적으로 정부가 확인하기 어렵다.

그러나 금융투자세가 도입되면 증권회사 등은 각 투자자의 주식 양도소득을 정기적으로 정부에 통보해야 한다. 따라서 수수료를 받고 차명계좌를 빌려줄 때 금융투자소득세를 납부할 수도 있고 주가조작에 가담한 것으로 처벌받을 수도 있기에 쉽사리 차명계좌를 빌려주려고 하지 않을 것이다. 또 주가조작 세력 역시 현재보다 주가조작의 흔적이 정부에 의해 쉽게 포착될 수 있기에 주가조작 작전을 하기 어려워진다.

사실 차명 주식거래는 주가조작의 문제에만 국한되지 않는다. 주가에 영향을 미치는 기업이나 정부의 내부정보를 먼저 접할 수 있는 기업 경영진, 고위 공무원, 정치인, 언론종사자, 펀드매니저 등이 차명계좌를 활용해 내부정보를 이용하는 불법적 사익 추구도 가능한 것이다. 따라서 금융투자세는 제2의 금융실명제 또는 자본시장실명제가 될 수 있고, 이를 통해 한국 상장주식시장의 투명성이 제고될 수 있다.

금융투자소득세는 2020년 12월 국회를 통과해 2023년 1월부터 시행될 예정이었으나, 윤석열 정부는 출범 이후 시행 시기를 2년 연기했다가 2025년 세법개정안을 통해 폐지로 방향을 선회했고, 2024년 11월 4일에 야당인 더불어민주당의 이재명 대표도 폐지에 동의한다고 밝힘으로써 시행도 되기 전에 폐기 수순을 밟을 것으로 예상된다.

제6장

기업 밸류업을 위한 조건

1.

출자구조 개혁

경영권을 사실상 행사하는 지배주주의 사익편취를 해소할 수 있는 소유지배구조 개혁이 한국 기업 밸류업의 핵심이다.

　　지금까지의 논의를 통해, 전문경영자의 사익편취를 방지하기 위해 도입된 사외이사 제도와 같은 미국식 기업 지배구조가 한국 현실에서는 작동되지 않고 있고, 따라서 이 문제를 해결하기 위한 기업 밸류업 정책이 우리에게 필요함을 알게 되었다. 예를 들어, 재벌 대기업의 경우에 기업집단 전체 지분의 4% 미만을 보유한 총수일가가 계열사 간의 출자를 활용해 기업집단 전체를 사실상 지배하고, 계열사 사외이사도 원하는 대로 선출하게 된다. 주요 계열사에만 높은 지분을 지닌 총수일가는 계열사 간의 일감 몰아주기나 상표권 거래, 개별 계열사에서의 높은 보수와 자사주 활용, 계열사 간 합병 등으로 사익을 편취하고 있다. 역설적으로, 이른바 코리아 디스카운트는 소유지배구조 개혁을 통해 한국 기업들의 가치가 얼마나 상승할 수 있을까를 보여주는 수치이기도 하다. 제1장에서 소개한 자본시장연구소의 2023년 보고서에 따르면, 한국 상장기업의 PBR은 평균 1.2로, 선진국의 55% 수준에 불과하다.

제4장에서 살펴봤듯이, 일본의 기업 밸류업은 일본 기업 소유구조에서 발생하는 경영참호화를 해소하기 위해 2014년부터 시행된 기업 소유지배구조 개혁의 결과라고 할 수 있다. 1960년대 이후에 일본에서는 은행 및 대형 보험사들이 과거 같은 재벌 소속이었던 비금융기업들과 상호출자를 통해 대기업집단인 계열을 형성했고, 이런 상호출자는 개별 계열사 경영자들의 경영권을 보호하는 역할을 했다. 그러나 1990년대 후반기 은행위기와 경제침체로 인해 은행 및 대형 보험사들은 자발적으로 상호출자를 해소하기 시작했고, 2014년부터는 아베노믹스의 세 번째 화살로 기업 소유지배구조 개혁이 추진되면서 상호출자라는 기업 소유구조에 변화가 지속되었다. 2023년 3월에 도쿄증권거래소가 주당 순자산가치가 1배 미만인 상장기업들을 대상으로 시행한 기업 밸류업 프로그램은 이런 기업 소유지배구조 개혁의 연장선상에 있다.

따라서 한국 기업 밸류업 정책 성공의 관건은 기업 소유지배구조 개혁을 통해 기업 경영이 주주의 잉여권리 또는 기업 가치를 극대화하도록 유인할 수 있느냐에 달렸다. 즉, 총수일가의 사익편취와 민영화된 소유분산 기업에서 정권의 사익편취를 방지하는 것이 한국 기업 밸류업 정책의 핵심이 된다. 그렇다면 이를 위해 필요한 기업 소유지배구조 개혁은 어떤 것인가?

2014년 이후 일본의 소유지배구조 개혁뿐만 아니라, 이스라엘의 2010년대 소유지배구조 개혁 그리고 뉴딜 기간 미국의 기업 소유지배구조 개혁을 보더라도, 기업 소유구조의 개혁이 선행 또는 동행되지 않으면, 기업 가치를 극대화하도록 경영자를 유인하는 기업 지배구조가 제대로 작동하기 어렵다는 것을 알 수 있다. 1928년에 미국의 연방거래위원회Federal Trade Commission는 (피라미드 구조의) 지주회사체제 기업집단들이 투자자와 소비자에게 위협이 될 수 있다고 파악한 바 있고, 1942년 루스벨트 대통령은 지주회사체제를 통한 기업 통제는 일반 투자자에게 안정성을 제공하지 못하고, 투자를 위한 판단은 타인의 경영에 대한 객관적인 평가를 필요로 하는데, 이런 평가와 경영 자체에 이해상충이 발생한다면 경영 평가는 퇴색되고 왜곡된다고 우려했다.

상호출자를 통한 경영참호화를 방지하기 위한 일본의 기업 소유지배구조 개혁은 경영상 합리성이 없는 상호출자 해소와 사외이사 제도 도입이라는 두 개의 축으로 진행되어 왔는데, 일본 스튜어드십 코드와 일본 기업 지배구조 코드를 활용해 '원칙준수 예외설명' 방식으로 기관투자자의 적극적 관여와 또 의무적인 기업 공시를 통해 점진적으로 이뤄졌다. 또 2023년 3월에 도쿄증권거래소가 시행한 기업 밸류업 프로그램은 PBR이 1배 미만인 상장기업들을 대상으로 '원칙준수 예외설명' 방식을 통해 경영상 합리성이 없는 상호출자 해소와 사외이사 제도 도입을 촉진했다. 이런 일본의 기업 소유지배구조 개혁은 일본 자본시장의 성장과 기업 수익률 향상이라는 가시적 성과를 가져왔다.

그러나 애초 아베노믹스가 추구했던 기업 수익률 제고와 자본시장을 통한 투자자금 조달을 거쳐 기업 투자가 늘고 경제가 성장하는 선순환 구조에는 못 미치고 있다. 이는 일본의 기업 소유지배구조 개혁이 혁신경제에서 필요로 하는, 산업의 진입과 퇴출을 용이하게 하는 개혁에는 못 미쳤기 때문이라고 판단된다.

한국의 기업 소유지배구조는 일본 계열과는 비교할 수 없을 정도로 복잡하고 재벌 총수일가의 사익편취에 대한 제도적 통제도 미흡하다. 우리처럼 복잡한 소유지배구조를 가졌던 이스라엘의 경우에, 2013년 반경제력집중법 제정 당시에 있었던 일련의 논의에서 기업집단의 출자에 대한 구조적 개혁 없이 기업 지배구조 개혁만으로는 개혁이 효과적으로 달성될 수 없음을 확인한 바 있다. 따라서, 총수일가가 기업집단 전체 지분의 약 3~4% 정도만 보유하면서도 계열사 간의 출자를 활용해 기업집단 전체를 사실상 지배하는 심각한 소유와 지배의 괴리 문제를 해소하지 않고서는, 기업 지배구조 개선과 '원칙준수 예외설명'이라는 기관투자자의 적극적 관여 방식만으로 주주의 이익과 기업 가치를 극대화하도록 경영을 유인하는 것이 거의 불가능하다. 나아가, 독과점을 해소하고 진입 및 퇴출 장벽을 낮춰서 산업 내 진화와 산업 간 진화의 엔진이 재점화되길 기대하기도 요원하다.

출자구조 개혁
시나리오

이스라엘의 2013년 반경제력집중법이 기업집단의 해체가 아닌 경제력 집중의 해소와 사익편취 방지를 목적으로 한 것처럼, 우리 역시 출자 단계 규제를 통해서 이런 목적을 달성해야 한다. 먼저, 한 계열사(모회사)로부터 출자받은 어떤 계열사(자회사)가 모든 다른 계열사에 대해 출자하는 것을 막도록 2층 구조로 출자 단계를 제한해야 한다. 단, 100% 출자는 출자 단계 계산에서 제외할 필요가 있다. 다시 말하자면 완전 자회사는 출자 단계 규제에서 제외한다는 것이다. 이런 출자 단계 규제는 지주회사 제도 도입 당시의 입법 취지와 부합하는 것이다. 또 이 경우에 지주회사 규제와 순환출자 규제를 별도로 둘 필요도 없고, 규제 회피나 비대칭 규제 문제도 없어진다.

이스라엘보다 훨씬 큰 경제 규모나 기업 수 등을 고려해, 이런 출자 규제는 4대 재벌, 상호출자제한 기업집단, 공시대상 기업집단, 모든 기업집단 순으로 순차적으로 적용할 수 있을 것이다. 이렇게 함으로써 정책의 수용성을 높일 수 있다.

또한 이 경우에, 외부 차입으로 경제력 집중을 심화시킬 가능성을 차단하기 위해서 지주회사에 해당될 출자 계열사에만 부채 비율 상한을 규제하면 되며, 현행 지주회사 규제에 적용되는 의무 지분율 규제도 불필요하다. 나아가 지배할 목적이 아닌 10% 미만의 지분 투자는 허용할 수 있고, 마찬가지로 지배 목적이 아닌 조인트 벤처도 허용할 수 있을 것이다. 다만 조인트 벤처가 100% 미만의 지분으로 다른 기업을 지배하는 것은 금지되어야 한다.

둘째, 현행 지주회사 규제에서 엄격히 적용되는 구조적 금산분리를 완화해, '주요 금융회사(그룹)'와 '주요 실물회사(그룹)'를 동시에 지배하는 것은 금지하되, 그 밖의 복합 금융그룹에는 통합 감독 체계를 적용해야 한다. 주요 회사(그룹)에 대한 정의는 이스라엘의 재벌 개혁 사례를 참고해 국내 실정에 맞게 조정할 수 있을 것인데, 삼성그룹(삼성생명)과 한화그룹(한화생명)만이 이에 해당될 것이라고 판단된다.

기대효과

이와 같은 출자구조의 개혁이 완성되면, 재벌 기업의 소유-지배 괴리도는 상당히 줄어들고 따라서 총수일가의 사익편취 유인도 상당히 줄어들게 될 것이다. 이제부터 논의할 보완적인 조치들이 함께 시행되면 지배주주의 사익편취는 사실상 어려워질 것이고, 따라서 오직 기업 가치 향상과 이윤의 증가를 통해서만 부의 축적과 부의 승계가 가능해질 것이다. 그런 상황이 되면, 지배주주가 자신이나 자녀가 경영하는 것보다 전문경영자 선임이 기업 가치 향상과 이윤 증가에 더 적합하다고 판단하게 되어, 자신의 이익 때문에 미국식 전문경영자를 고용하고 자신들은 대주주로서 감시 감독만 하는 선택도 가능해질 것이다.

출자구조 개혁은 기업 지배구조가 정상적으로 작동하게 하고 가장 능력 있는 사람이 기업 경영을 하도록 유인할 수 있다는 점 외에도 경제성장과 관련해 매우 중요한 함의를 가질 수 있다. 마지막 절에서 다루겠지만, 한국 경제는 제조업 위기와 탄소중립으로의 이행이라는 도전에 당면해 있다. 이런 위기와 도전에 대응하기 위해서 제조업 고도화라는 산업 내 진화와 새로운 산업의 진입이 가능한 산업 간 진화가 이뤄져야 한다. 출자구조 개혁을 통해 기존 재벌들은 자신들의 중점 사업 영역을 선택하게 될 것이고, 산업 내 새로운 기업의 진입과 새로운 산업의 생성도 가능해질 것이다. 또한 수요독점과 전속적 하청구조가 해소되면서 산업 내 생산성 증가와 부품 소재 산업의 고도화도 가능해질 수 있다. 다시 말하자면, 출자구조 개혁은 단지 소유지배구조 개혁을 통한 기업 밸류업이 아니라 진정한 성장전략이기도 하다.

2.

소수주주 동의제

소수주주 동의제는 지배주주의 사익편취를 주주총회에서 직접 방지할 뿐 아니라 독립적인 사외이사를 선출하는 수단이 될 수 있다.

2층 출자구조로 기업집단이 재편성되더라도, 지배주주 일가가 있는 기업집단은 여전히 존재하고, 따라서 지배주주의 사익편취 가능성과 유인은 여전히 남아 있다. 2층 출자구조에서도 모회사와 자회사에서 지배주주의 배당청구권이 차이가 나고 따라서 자회사에서는 (영어로 wedge라고 표현하는) 소유-지배 괴리가 존재한다. 또한 자회사 간에도 소유-지배 괴리도가 상이할 수 있다. 따라서 지배주주는 여전히 계열사 간의 일감 몰아주기나 과도한 상표권 및 경영 컨설팅 수수료, 개별 계열사에서의 높은 보수와 자사주 활용, 계열사 간 합병 등을 통해 사익을 편취할 수 있다.

앞서 논의했듯이, 지배주주의 사익편취를 현행 공정거래법으로 규율하는 것은 한계가 있다. 다양한 사익편취 행위 중에서 현행 공정거래법의 규율 대상은 계열사 간의 일감 몰아주기를 통한 사익편취에만 국한되어 있고, 이마저도 실효적으로 규제되지 않고 있는 실정이다.

따라서 공정거래법에 의한 규제 대신에 소수주주와 기관투자자 중심의 자율 규제로 대전환이 필요하다. 이를 위해서는 소수주주 동의제Majority of Minority rule, MoM 도입과 국민연금의 독립성 강화 및 스튜어드십 코드의 충실한 실행이 필요하다. 이런 제도적 장치의 도입과 민사소송 제도의 보완이 이뤄지면, 공정거래법에서는 불공정거래 유형으로서 부당 내부거래에 대해서만 규율하면 된다.

소수주주 동의제를 상법에 도입해, 일정 수준 이상의 계열사 간 거래, 지배주주 일가의 보수와 퇴직금, 계열사 간 합병 등에 대해서 주주총회에서 소수주주의 동의를 받게 한다면,[30] 소수주주는 자신들의 이익에 반하는 거래, 보수 및 퇴직금, 합병 등을 반대할 것이다. 만약에 이런 거래, 보수 및 퇴직금, 합병 등이 지배주주 일가의 사익편취 목적이 아니라 합리적 경영 판단에 의한 것이라면, 이는 소수주주의 이익과 부합하고 따라서 소수주주들이 반대할 이유가 없을 것이다. 주주총회에서 소수주주들이 이와 같은 판단을 정확히 할 수 있도록 관련 정보를 제공하는 역할을 국민연금과 같은 기관투자자와 의결권 자문회사들이 할 수 있어야 한다. 국민연금의 역할이 중요한 이유가 여기

---

30 계열사 간 합병의 경우는 소수주주 2/3 이상 동의, 나머지는 과반 동의로 정할 수 있다.

에 있다.

그런데 통상 자사주 취득은 이사회 의결 사항이므로, 모든 주주의 이익을 비례적으로 고려하는 독립적 사외이사의 선출도 필요하다. 주주총회에서 사외이사 선임 시에도 소수주주 동의제를 적용하게 되면, 단지 지배주주의 이익만을 대변하는 이사의 선임을 막을 수 있다.

효과성에 대한
실증 연구

소수주주 동의제는 실제로 다수 국가에서 입법화되어 있고 OECD의 권고 사항이기도 하다. 미국이나 영국의 경우에 상장기업들이 대부분 소유분산 기업이므로 소수주주 동의제가 굳이 필요하지 않지만, 기업합병의 경우에 이해상충이 있는 주주들은 스스로 합병 찬반 투표에 참여하지 않는 자발적 소수주주 동의제가 관행적으로 이뤄지고 있다. 그러나 소유-지배 괴리가 발생하는 많은 다른 나라들에서는 소수주주 동의제가 지배주주의 사익편취를 방지하는 유용한 수단이 된다.

소수주주 동의제의 효과와 관련해 최근 두 논문이 출판되었다. 먼저, 제1장에서 소개한 Fried, Kamar and Yafeh(2020) 연구이다. 2011년 이스라엘 상법 개정으로 인해 지배주주 일가가 임원이나 이사로 받는 급여에 대해서 적어도 3년에 한 번씩 주총에서 소수주주의 동의를 받아야 하는데, 이 연구는 소수주주 동의제 도입 이후에 지배주주가 임원이나 이사로 받는 급여의 증가 폭이 감소했고 일부는 그만두거나 급여를 못 받고 일을 하는 현상이 나타나고 있음을 실증적으로 보여 주었다.

둘째, 상장회사의 주요 특수관계자 거래에 대해서 소수주주 동의제가 의무화된 인도 사례를 실증 연구한 Li(2021)에 따르면, 소수주주 동의제로 인해 특수관계자 거래를 통한 터널링이 감소한 것으로 나타났다. 인도는 2013년 회사법 개정과 2015년 증권위원회의 상장규정 SEBI (Listing Obligations and Disclosure Requirements, LODR) Regulations, 2015을 통해, 일정 규모를 넘는 특수관계자 거래(주요 특수관계자 거래, material related party transactions)에 대한 상세한 정보를 공개하고 주주총회에서 소수주주의 승인을 얻도록 했다.

주요 특수관계자 거래란 상장사가 특수관계자와의 사업연도 동안 총거래액이 회사의 직전 사업연도 말 기준 총매출액의 10%가 넘을 것으로 예상되는 경우를 의미하며, 해당 거래와 이해관계가 있는 특수관계자는 주주총회의 승인 투표에서 제외하도록 하고 있다. 특수관계자 거래는 상품, 자원, 자산, 용역 등을 사고파는 행위 혹은 리스하거나 제공하는 행위 등을 모두 포함한다.

Li(2021)의 연구는 인도의 소수주주 투표 제도는 크게 2가지 측면에서 특수관계자 거래에 긍정적인 영향을 미친 것으로 보았다. 먼저, 소수주주 동의제는 지배주주의 터널링 수준에 영향을 미칠 수 있다. 터널링이란 지배주주가 자신의 사익을 위해서 지배력을 남용하여 회사 자산을 이전시키는 행위인데, 지배주주가 내부거래를 통해 터널링을 시도한다고 하더라도 소수주주가 해당 안건에 대해서 반대표를 던질 확률을 고려하여 터널링의 수준을 조정하게 되므로 터널링 규모가 줄어들 수 있다고 보았다.

다음으로 소수주주 동의제 투표결과의 공개는 지배주주에게 평판 비용을 발생시킨다. 지배주주가 제안한 특수관계자 거래가 주주 승인 과정에서 부결되지는 못하였더라도 소수주주의 반대표는 시장에 부정적 신호로 작용할 수 있다. 이에 따라 주주들이 해당 회사의 주식을 처분하거나 다음 안건에 대해서는 더 철저히 조사하는 등의 비용이 발생하게 된다. 또한 주주의 강한 반대는 이사들에게도 부담으로 작용할 것이며, 이는 규제 당국의 감시 강화를 가져오는 등 지배주주의 터널링 비용을 상승시키는 요인으로 작용할 수 있으므로 지배주주는 소수주주의 이해에 반하는 특수관계자 거래를 감소시킬 수 있다.

독립적 사외이사
선출

지배주주로부터 사외이사의 독립성이 확보되지 않으면, 미국식 기업 지배구조는 작동하기 어렵다. 따라서 독립적 사외이사 선출을 위해 집중투표제와 감사위원 분리선출을 내용으로 하는 상법 개정이 여러 차례 시도되어 왔다. 집중투표제는 이사를 선출할 때 선출할 이사 수만큼의 투표권을 한 명 이상의 이사 후보자에게 몰아서 투표할 수 있도록 하는 제도다. 예를 들어, 3명의 이사를 선출한다고 하면, 1표씩 각기 다른 후보자에게 투표하지 않고 3표를 한 후보자에게 몰아서 투표할 수 있도록 허용하는 것이다. 감사위원 분리선출제는 상장회사의 이사회 내에 설치되는 감사위원회 위원이 되는 이사를 일반 이사와 분리해 선출하고, 분리선출 시에 최대주주는 특수관계인과 합산하여 3% 그리고 일반주주는 3%까지만 의결권을 행사하도록 제한하는 것이다. 따라서 이 두 제도는 소수주주들이 원하는 이사를 선출할 수 있는 가능성을 높인다는 점에서 독립적 사외이사 선출 방안이라고 할 수 있다.

집중투표제와 감사위원 분리선출은 문재인 정부의 핵심 공약이었다. 그런데 21대 국회에 제출된 정부의 상법 개정안은 이사 중 최소한 1명 이상을 다른 이사들과 분리해 감사위원이 되는 이사로 선출하도록 완화되었고, 결국 감사위원 중 최소 1명 이상의 이사를 분리해 선출할 때 최대주주 의결권도 특수관계인과 합산하지 않고 개별로 3%씩으로 제한하는 개정안이 입법되었다. 사실 2,000개가 넘는 코스피·코스닥 상장회사들 중에서 자산 2조 원 이상의 상장회사는 130개 사 정도에 불과하며, 감사위원회는 최소 3명 이상의 위원으로 구성되어야 한다. 1명의 독립적인 감사위원이 선출되어도 감사위원회의 과반에도 훨씬 못 미치는 것인데, 이마저 최대주주 의결권을 특수관계인과 합산하지 않고 개별로 3%씩으로 제한함으로써 실효성을 담보하기 어렵게 되었다.

감사위원 분리선출에 대한 재계의 반대 논리는 경쟁사 임원이나 스파이가 3% 룰을 악용해 이사회에 참여할 수 있다는 이른바 '적장론'이었다. 물론 터무니없는 이야기이다. 그러나 감사위원이 될 이사 선임에 소수주주 동의제를 도입하면 적장론을 주장하는 게 더 이상 근본적으로 불가능하다. 소수주주 동의제가 도입되면 지배주주가 선택하는 이사 후보에 대해 소수주주가 거부할 수 있다는 의미이다. 지배주주가 애당초 적장을 추천할 리 없고, 소수주주는 지배주주의 고무도장 역할만 할 이사 선임에 반대할 것이다. 따라서 소수주주 동의제는 그나마 독립적인 사외이사를 뽑을 수 있는 최소한의 장치가 될 수 있다.

국민연금 운용의 정상화

국내에서 유니버설 오너인 국민연금이 정치와 재벌로부터 독립성을 확보하지 못하면, 기업 밸류업 프로그램도 소수주주 동의제도 제대로 시행될 수 없다.

    일본의 GPIF와 달리 국민연금은 스튜어드십 코드 실천에 매우 소극적으로 일관하고 있을 뿐 아니라, 의결권 자문기구의 권고와 반대되는 투표권을 행사하는 경우도 다수 있다. 국민연금이 의결권 자문기구의 권고에 반해서 재벌 총수일가의 이익을 위해 의결권을 행사한 사례로, 앞서 제3장에서도 언급했던 너무나 잘 알려진 삼성물산-제일모직 합병 건이 있다. 2023년 6월에 국제중재판정소ISDS는 한국 정부가 미국계 헤지펀드인 엘리엇 매니지먼트에 약 1,300억 원의 손해배상금을 지급하라는 판정을 내렸다. 2015년 삼성물산과 제일모직의 합병 승인 과정에서 한국 정부가 국민연금공단을 동원해 부당하게 개입한 결과로 주가가 하락해 엘리엇이 손해를 봤다는 주장을 인정한 것이다. 정부가 합병에 개입해 외국인 투자자뿐만 아니라 국민연금 가입자와 국내 일반주주에게 손해를 끼쳤고, 외국인 투자자인 엘리엇과 메이슨에게는 ISDS 판정에 따라 또다시 국민의 돈으로 손해배상까지 해야 하는 상황이다. 이에 반해 정부의 부당한 개입으로 이재용 일가는 폭리를 취할 수 있었다.

또한 회장의 사내이사 선임 안건을 다룬 2022년 하나금융지주 주주총회에서 국민연금은 함영주 선임에 대해 ISS, 한국지배구조원 등 의결권 자문기구의 반대 권고에도 불구하고 찬성해 결국 함영주의 사내이사 선임이 이뤄졌다. 2020년 함 부회장은 DLF 사태로 금융당국으로부터 중징계를 받았고 당시 이 징계가 정당하다는 서울행정법원의 1차 판단이 있었다. 따라서 국내외 의결권 자문기관에서는 재판 및 제재 문제가 남아 있다는 이유로 이사 선임안에 반대하라고 권고했던 것이다.

그런데 이와 반대로 국민연금은 2022년 (주)SK 최태원 회장의 사내이사 선임에는 반대표를 던졌는데, 최 회장이 기업 가치 훼손 및 주주 권익 침해 이력이 있다는 이유로 반대했던 것이다. 나아가, 2024년 3월 정기주총에서 조원태 대표이사의 사내이사 재선임 안건에 대해 국민연금은 의결권 자문기구의 찬성 권고에도 불구하고 반대표를 던졌다. 국민연금은 조원태 대표이사가 아시아나항공 인수를 추진하는 것이 주주들의 권익을 침해할 수 있다는 입장을 견지하면서 반대한 것이다. 국민연금의 일견 일관적이지 못한 투표권 행사를 좀 더 깊이 있게 살펴보면, 국민연금이 반대하면 부결될 경우에는 찬성하고 반대해도 통과될 경우에는 반대한다는 매우 기회주의적 원칙이 읽힌다. 최태원 회장과 조원태 대표의 사내이사 선임은 국민연금의 반대에도 불구하고 주주총회에서 통과되었다.

국민연금은 동일한 사람의 사내이사 선임에서도 일관성 없이 의결권을 행사한 바 있다. 2015년 SK와 SK C&C 합병 당시 국민연금은 존속법인 사내이사로 조대식 전 SK수펙스추구협의회 의장을 선임하는 안건에 반대했으나, 이후 SK네트웍스 주주총회에서 조대식을 기타 비상무이사로 선임하는 안건에 찬성했다. 또 2017년 조대식의 SK텔레콤 기타 비상무이사 선임에 찬성했으나, 2018년 3월 조대식의 SK 사내이사 선임 건과 2019년 SK네트웍스 기타 비상무이사 선임 건에는 반대했다.

국민연금 독립성 확보

국민연금이 정치권력이나 재벌로부터 독립성을 확보하지 못한다면, 스튜어드십 코드의 적용을 통한 기업 밸류업 정책의 추동도 어렵고, 소수주주 동의제가 도입되더라도 제대로 작동하기 어려울 것이다.

현재 국민연금 이사장은 국민연금공단 임원추천위원회의 추천과 보건복지부 장관의 제청을 거쳐 대통령의 재가를 받아 3년 임기로 임명된다. 그러나 여느 공공기관장처럼 정권이 바뀌면 임기가 남아 있더라도 사퇴하고, 새로운 이사장이 임명되고 있다. 또한 역대 이사장은 대부분 고위 공무원이나 정치인 출신이었다. 전문성뿐만 아니라 정치적 독립성이 담보되지 않은 인사들이 주로 이사장으로 임명되어 온 것이다.

국민연금의 정치적 독립성을 위해서는 우선 이사장의 임명 시 국회에서 인사청문회를 연 후에 본회의에서 인준을 받도록 할 필요가 있다. 국무총리나 대법원장 임명과 동일한 국회 절차를 밟자는 것이다. 또한 이사장의 임기를 10년 정도로 정해서, 장기간 비전과 전략을 가지고 국민연금을 운용하고, 정치적 외압이나 재벌들의 로비로부터 국민연금을 보호할 수 있도록 할 필요가 있다.

또한 국민연금 기금운용본부가 직접적으로 운용하는 기금을 점차 줄여 나가고 외부 위탁을 늘리며, 해외 자산운용사도 요건을 만족할 경우에 외부 위탁기관으로서 배제하지 않아야 한다. 또 스튜어드십 코드의 실효적 집행을 위해서, 국민연금이 기금 위탁기관을 선정하거나 위탁 자산운용사의 성과를 평가할 때에 스튜어드십 코드 이행 정도, 주주총회에서의 투표 의향 및 행위 등을 주요 평가 자료로 활용할 필요가 있다.

만약 국민연금의 이사장 임명과 기금 운용이 이와 같이 바뀌게 되면, 한국 자산운용사들의 역량 상승과 자본시장의 발달이 기대될 뿐 아니라 기업 밸류업에도 매우 긍정적인 결과를 야기할 수 있을 것이다.

소유분산 기업과
국민연금

국민연금이 유니버설 오너인 기관투자자로서 제대로 역할을 하게 되면, 가장 큰 효과는 민영화된 소유분산 기업의 지배구조와 성과에 반영될 것으로 예상된다. 제3장 5절에서 살펴봤듯이, 민영화된 소유분산 기업에 지분이 없는 정부가 사실상 그림자 주인 행세를 할 수 있었던 것은 국민연금을 비롯한 국내 금융기관들이 정부의 뜻대로 주주총회에서 의결권을 행사하고, 정권이 바뀌면 정부 뜻대로 사외이사를 교체하는 데 동조했기 때문이다. 국민연금이 기관투자자로서 정치적 독립과 경제권력인 재벌로부터의 독립성을 유지하고 오로지 연금 수탁자의 이익을 위해 대주주로서 적극적 주주권을 행사한다면, 한국의 소유분산 기업들에서 미국식 주주 자본주의 기업 지배구조가 작동 못 할 이유가 없다.

국내 은행들의 경우에도 마찬가지다. 국내 4대 은행그룹의 주요 재무적 지표가 비슷한 규모의 글로벌 은행그룹에 비해 매우 낮은 수준인 것은 이미 잘 알려져 있다. 2023년 말 기준으로 국내 4대 은행그룹의 PBR 및 ROE 평균은 각각 0.38배, 8.51%인 반면에, 글로벌 은행그룹 평균은 각각 1.17배, 10.21%였다. 특히 PBR이 비슷한 규모의 글로벌 은행에 비해 현저히 낮은 수준을 기록했는데, 국내 4대 은행그룹의 순자산을 고정하고 시가총액에 글로벌 은행그룹의 데이터를 적용하여 PBR을 추정해 보면 2023년 말 기준 1.43배로 현재보다 3.8배 이상 증가할 수 있다(김우진, 2024).

〈표 7〉에서 볼 수 있듯이, 국내 4대 금융지주회사의 1대 주주는 우

리금융지주를 제외하고는 모두 국민연금이다. 우리금융지주의 경우
도 1대 주주인 외국 장기 펀드 투자사 블랙록과 국민연금의 지분율 차
이는 0.04%에 불과하다. 국민연금을 제외하고 5% 이상 지분을 보유
하고 있는 대주주는 외국계 장기 투자펀드나 외국계 은행들 및 우리
사주조합이다. 투자가 '국내 편의home bias'를 가진다는 이야기가 있듯
이, 국내 유니버설 오너인 국민연금의 주주활동은 외국 투자자들의
의사 결정에 매우 중요한 영향을 미칠 수 있다.

〈표 7〉 4대 금융지주회사 5% 이상 보유 주주(2024. 6. 30. 반기보고서 기준)

하나금융지주		
주주명	보통주식수	지분율
국민연금공단	24,877,516	8.51%
BlackRock Fund Advisors[1]	18,317,138	6.27%
Capital Group[2]	15,916,182	5.44%
우리사주조합	3,893,106	1.33%
발행주식총수	292,356,598	100%

[1] BlackRock Fund Advisors: 주식등의 대량보유상황보고서 공시기준(2022.4.11.)
[2] 주식등의 대량보유상황보고서 공시기준(2024.7.8.)/보고서 작성기준일(2024.6.26.)

우리금융지주		
주주명	보통주식수	지분율
BlackRock Fund Advisors[1]	45,100,755	6.07%
국민연금공단	44,760,871	6.03%
우리금융지주 우리사주조합	44,341,714	5.97%
우리은행 우리사주조합	21,710,856	2.92%
발행주식총수	742,591,501	100%

[1] BlackRock Fund Advisors: 주식등의 대량보유상황보고서 공시기준(2024.6.10.)

제6장 기업 밸류업을 위한 조건

KB금융지주		
주주명	보통주식수	지분율
국민연금공단	33,326,122	8.26%
JP MORGAN CHASE BANK(ADR)	22,536,727	5.59%
BlackRock Fund Advisors[1]	25,050,939	6.21%
우리사주조합	8,099,703	2.01%
발행주식총수	403,511,072	100%

[1] BlackRock Fund Advisors: 주식등의 대량보유상황보고서 공시기준(2021.3.10.)

신한지주		
주주명	보통주식수	지분율
국민연금공단	42,070,912	8.26%
BlackRock Fund Advisors[1]	29,063,012	5.71%
우리사주조합[2]	25,860,474	5.08%
–	–	–
발행주식총수	509,393,214	100%

[1] BlackRock Fund Advisors: 주식등의 대량보유상황보고서 공시기준(2018.9.27.)
[2] 조합원계정 소유주식 수 25,790,029주와 조합계정 70,445주를 합산한 수량임

국민연금의 독립성 확보는 정부의 관치금융을 효과적으로 차단하는 계기가 될 수 있다. 은행 경영진을 정부가 사실상 좌지우지할 수 없게 하고 은행 경영진에 대한 평가가 은행의 기업 가치 제고에 맞춰지게 하는 것과 동시에, 개도국 시절부터 만연한 관치금융을 청산하고 정부의 역할이 공정한 경쟁의 룰rule과 건전성 규제 및 금융소비자 보호로 이행해야 은행의 진정한 밸류업이 가능해진다.

징벌배상과 디스커버리 제도

징벌배상과 디스커버리 제도는 기업 지배구조가 작동할 수 있는 사법적 근거이며 나아가 기술 탈취를 방지해 혁신을 장려하는 기업 밸류업 정책이다.

제5장에서 상법 개정을 통해 이사의 충실의무 대상에 주주의 비례적 이익을 고려하도록 하는 것이 주주친화적 정책이고 기업 밸류업을 유인하는 정책임을 살펴봤다. 이런 상법 개정이 실효성을 가지기 위해서는, 이사가 주주의 비례적 이익을 소홀히 할 경우에, 사후적으로 주주가 자신의 손해에 대해 이사에게 법적 책임을 물을 수 있어야 한다고 했다. 이런 법적 책임 추궁에 중요한 수단은 주주가 이사에 대해 민사상 손해배상을 청구하는 것인데, 이런 민사소송의 실효성을 담보하기 위해서는 징벌배상과 디스커버리 제도가 도입되어야 한다.

징벌배상은 가해자의 고의가 인정될 때 전보배상 외에도 가해자의 경제적 능력에 비례해서 추가적인 배상을 부과하는 제도이다. 디스커버리 제도는 민사소송에서도 마치 형사소송의 검찰처럼 원고 측 변호사가 피고 측을 심문하거나 영장을 받아 압수수색을 통해 증거를 확보할 수 있도록 법원이 허용하는 제도이다.

민사소송에서 원고가 소송을 제기할 때는 소송의 기대 이익이 소송 비용보다 클 경우이다. 소송 제기의 기대 이익은 '배상액×승소 확률'인데, 디스커버리 제도 없이는 승소 확률이 사실상 '0'이며, 재산권 침해에 대한 민사소송에서 승소해도 실손배상을 원칙으로 하는 현행법 체계하에서는 전보배상이 실제 손실액에도 못 미치는 경우가 대부분이다. 이에 반해 소송 비용은 변호사 비용 등 소송 관련 실제 비용과 소송으로 인한 기회비용이라고 할 수 있다. 따라서 징벌배상과 디스커버리 제도는 소송 제기의 기대 이익을 높여 실제 민사소송을 통한 피해자 구제의 증가뿐 아니라 가해자의 행위 자체를 억제 및 예방하는 효과를 기대할 수 있다.

징벌배상과 디스커버리 제도에 대한 예시로 '맥도날드 커피 사건'을 들 수 있다. 1992년 2월 27일 아침에 79세의 스텔라 리벡이라는 여성이 맥도날드 드라이브스루에서 커피를 구입했다. 그녀는 차를 멈춘 상태에서 허벅지 사이에 커피 컵을 끼우고 뚜껑을 열었는데, 커피가 쏟아지면서 안쪽 허벅지와 엉덩이, 사타구니를 포함한 신체의 6% 이상에 3도 화상을 입는 사고가 발생했다. 이후 스텔라 리벡은 완전히 나을 때까지 2년간 피부이식 수술비와 병원 입원비 등등으로 보험금 외에 자비 2만 달러를 지출해야 했고, 맥도날드에 2만 달러를 보상해 달라고 요구했다. 맥도날드는 800달러만 지급하겠다고 했는데, 이에 리벡은 민사소송을 제기한 것이다.

디스커버리 제도 덕분에 원고 측 변호사는 맥도날드로부터 관련 자료를 제출받을 수 있었고, 이를 바탕으로 맥도날드 품질 관리인으로부터 맥도날드가 판매하던 커피의 온도는 바로 마시기에 위험하며 맥도날드에서도 이것이 화상을 초래할 수 있음을 알고 있었다는 내용의 증언을 받아 냈다. 또한 비슷한 화상 피해자가 이미 700명 정도 있었지만 맥도날드가 특별한 조치를 취하지 않았다는 사실도 밝혔다. 재판의 배심원들은 맥도날드가 맥도날드 커피 2일분의 수익에 해당하는 270만 달러를 징벌배상으로 지급하도록 평결했는데, 재판장은 최종 판결에서 64만 달러를 배상할 것으로 낮췄다. 이에 맥도날드와 원고가 모두 불복하여 소송이 계속 진행되던 와중에, 결국 맥도널드가 합의금 액수를 밝히지 않는 조건으로 거액의 합의금을 지급했고 민사소송은 취하되었다. 이 사건 이후에 맥도날드는 커피 온도를 낮췄고, '커피가 뜨거우니 조심하라'는 경고문구를 삽입하게 되었으며, 커피가 흘러내리지 않도록 커피 컵 뚜껑도 개발하게 되었다.

주주대표소송의 활성화

이런 징벌배상과 디스커버리 제도의 부재로 인해, 소비자 안전 관련 사고가 끝없이 일어나도 사고 억제가 제대로 되지 않고 있는 것이 우리 현실이다. 마찬가지로, 소송을 통한 기업 지배구조 기제도 제대

제6장 기업 밸류업을 위한 조건

로 작동하고 있지 않다.

　주주대표소송은 일부 주주들이 회사 경영진에게 손해배상 청구를 할 수 있도록 허용하는 제도이고, 다중대표소송은 모회사 주주가 자회사 경영진에게 대표소송을 제기할 수 있도록 허용하는 제도이다. 다중대표소송 제도는 자회사의 경영진이 모회사의 최대주주와 결탁해서 모회사 소수주주의 이익에 반하는 의사 결정을 하더라도 모회사 소수주주가 이에 대응할 수 있는 수단이 없는 공백을 메우기 위한 제도라고 할 수 있다. 2021년 LG화학이 LG에너지솔루션을 물적 분할한 이후 상장시켜 LG화학 소액주주들의 이익이 보호받지 못한 사례가 대표적이다.

　문재인 정부에서 모회사 주주가 상장회사의 지분 0.5% 이상을 보유하면 다중대표소송을 제기할 수 있도록 상법 개정이 이뤄졌는데, 이는 상장회사의 지분 보유 요건이 정부안보다 50배 강화된 것이어서 실효성에 의문이 제기된 바 있다. 그러나 현실은 주주대표소송도 활발하지 않다는 것이다. 징벌배상과 디스커버리 제도의 미비라는 문제점에 더해, 대표소송이나 다중대표소송에서 승소하더라도 배상은 소송을 제기한 주주에게 귀속되는 것이 아니라 기업에 귀속되기 때문에, 주주들이 소송을 제기할 유인이 매우 낮은 게 현실이다. 경제개혁연구소에 따르면(이승희, 2018), 1997년부터 2017년 사이에 법원 판결이 내려진 주주대표소송은 총 137건으로 1년에 6.5건에 불과하고, 137건 중에서 상장회사에 대한 주주대표소송은 47건에 불과했다.

기술 탈취 방지와
혁신의 유인체계

징벌배상과 디스커버리 제도는 또한 우리 사회에 만연한 기술 탈취를 방지하고 기술혁신의 유인을 고취할 것이다. 기술 탈취 민사소송에서 원고가 소송을 제기할 때, 앞서 논의했듯이 징벌배상과 디스커버리 제도가 없다면 소송의 기대 이익은 미미하고 소송 비용은 매우 크다. 사실상 전속 계약 관계에 있는 하청기업이 소송을 제기하면 재벌기업들에 의해 즉시 보복을 당하게 되기 때문이다. 즉, 사업을 더 이상 영위할 수 없는 것이 소송의 기회비용이 되고, 따라서 기술 탈취를 당해도 중소기업은 소송 자체를 제기할 엄두도 못 내게 되는 것이다.

부품이나 소재를 생산하는 하청기업들에 대해 재벌 대기업의 기술 탈취가 만연하다는 것은 이미 잘 알려져 있다. 2020년 2월 27일 『내일신문』 기사에 따르면(김형수, 2020), 지난 5년 동안 대기업의 기술 탈취로 피해를 본 중소기업이 246개나 되고 피해액은 5,400억 원이 넘는데, 이 같은 피해 사례와 액수는 빙산의 일각에 불과하다. 대기업의 보복이 두려워 침묵한 중소기업들과 실태조사에 포함되지 않은 중소기업까지 감안하면 기술 탈취 피해 현황은 가늠할 수조차 없다는 것이다.

징벌배상과 디스커버리 제도가 없는 우리 현실에서, 일부 대기업 간의 기술 탈취나 영업비밀 침해 사건이 오히려 미국 국제무역위원회 ITC에서 다뤄지는 웃지 못할 일들이 일어나고 있다. 한국 기업 사이의 분쟁인 LG에너지솔루션-SK이노베이션의 이차전지 영업비밀 침해 소송과, 메디톡스-대웅제약의 보툴리눔톡신(보톡스) 제제 균주·제조 공정 도용 혐의 관련 소송이 미국 ITC에 제기되었던 것이다. 국내 기업들이 매월 수십억 원 수준의 변호사 비용을 미국 로펌들에 지출하면서도 한국에서 벌어진 행위에 대한 판정을 미국 ITC에 맡기는 것은 신속한 재판, 강력한 디스커버리 프로그램, 징벌배상 때문이다. 그러나 중소기업들은 높은 법률 비용으로 인해서 미국 ITC에 제소할 엄두도 못 내고, 기술 탈취의 피해를 삼켜야만 한다. 결국 이런 상황에서 중간재 산업의 기술혁신과 산업 고도화를 기대하는 것은 연목구어나 마찬가지이다.

5.

지속 가능한 성장과
기업 밸류업

궁극적인 밸류업 정책은 산업 내 진화와 산업 간 진화를 촉진해 한국 경제의
지속 가능한 성장을 유인하는 것이다.

앞 절에서 일본의 기업 소유지배구조 개혁과 기업 밸류업 프로그
램은 일본 자본시장의 성장과 기업 수익률 향상이라는 가시적 성과는
거뒀으나, 기업 수익률 제고와 자본시장을 통한 투자자금 조달을 거
쳐 기업 투자가 늘고 경제가 성장하는 선순환 구조에는 못 미치고 있
다고 언급했다. 근본적으로는 이런 선순환에 대한 기대 자체가 여전
히 일본이 국가대표 기업 투자 중심으로 성장했던 1980년대까지의 프
레임에서 못 벗어나고 있기 때문이다. 일본의 기업 소유지배구조 개

제6장 기업 밸류업을 위한 조건

혁이 진입과 퇴출 장벽을 없애고 도전기업에게 기회를 제공하는 수준에 미치지 못하고, 창조적 파괴가 필요한 혁신경제로 이행하지 못하고 있는 것이다.

한국 경제 역시 '정부 주도-재벌 중심'의 발전 전략에서 혁신경제와 친환경 산업으로 전환해야 하는 시점에 이르렀다. 출자구조 개혁, 소수주주 동의제, 국민연금 운용 정상화, 징벌배상과 디스커버리 제도의 도입 등은 기업 지배구조가 정상적으로 작동하고 기업 가치를 최대화하는 경영을 유인하는 기업 밸류업 정책의 의미를 넘어, 제조업 고도화라는 산업 내 진화와 새로운 산업의 진입이 가능한 환경을 만든다는 점에서 중요하다.

특히 출자구조 개혁은 기존 재벌들이 자신들의 중점 사업 영역을 스스로 선택하게 하고, 산업 내 새로운 기업의 진입과 새로운 산업의 생성을 야기할 수 있다. 1970년대 중화학공업 육성 정책으로 형성된 한국 재벌은 10대 중화학공업 중심으로 출자구조를 형성해 총수일가의 경영권을 참호화하고 있다. 따라서 재벌 총수일가는 현재의 산업 구조가 뒤흔들리는 것을 막으려는 강한 유인을 가지고 있으며, 이것이 바로 산업 내 진화와 산업 간 진화를 가로막는 주요 요인이 되고 있다. 따라서 출자구조 개혁은 총수일가가 자발적으로 새로운 선택을 통해 산업 내 그리고 산업 간 진입 장벽을 걷어 내게 만드는 것이기도 하다.

슘페터주의 성장이론

한국처럼 강력한 '정부 주도-재벌 중심'의 발전 전략을 채택하지는 않았지만, 일본과 서유럽 국가들도 제2차 세계대전 이후에 경쟁정책보다는 국가대표 기업들을 키우기 위한 투자 보조금 등의 산업정책으로 미국을 빠르게 따라갈 수 있었다. 이처럼 서유럽이나 일본이 미국과의 성장 격차를 좁힌 것은 내생적 성장 모형을 통해 설명할 수 있다. 내생적 성장 모형은 경제가 물적·인적·R&D 자본의 축적을 통해 성장한다는 것을 전제로 하며, 결국 자본 축적을 위한 저축률과 투자율이 경제성장의 관건이 된다는 것이다.

그러나 서유럽의 저축률과 투자율이 여전히 미국과 비슷하거나 높았음에도 불구하고 1990년대부터 성장률의 격차가 다시 벌어졌다. 더욱이 일본의 경우에 1인당 소득수준을 통제하더라도, 미국, 나아가 서유럽보다 저축률, 투자율, R&D 투자 비중이 더 높았다. 내생적 성장 모형에 따르면, 일본은 미국이나 서유럽과 비교해서 1990년대와 2000년대에 더 높은 성장률을 누려야 했다. 그런데도 일본에서는 1990년대 이후 이른바 '잃어버린 30년'이 지속되고 있다.

1990년대 이후 일본과 서유럽 그리고 미국 사이에 관측되는 성장의 격차를 설명하기 위해 등장한 성장이론이 이른바 '슘페터주의 성장이론Schumpeterian Growth Theory'이다. 내생적 성장 모형에서는 물적·인적·R&D 자본이 경제성장을 견인한다고 설명하는 반면, 슘페터주의 성장이론에서는 새로운 제품과 기술이 기득권 제품과 기술을 대체함으로써 성장이 일어난다고 본다. 즉, '창조적 파괴'를 통해 경제가 성장한다는 아이디어다.

1990년대는 경제의 중심축이 제조업에서 신경제와 혁신산업 중심으로 이동하기 시작하던 때다. 이른바 정보통신기술ICT 혁명, 인터넷을 기반으로 하는 디지털 플랫폼의 등장, 소프트웨어·콘텐츠·바이오산업 등의 비약적 발전 등 세계경제의 혁신경제 체제 전환이 이루어졌다. 따라서 경제성장의 패러다임 전환이 발생했다고 볼 수 있다. 혁신경제 체제로의 전환이 이뤄지면서, 자본의 축적이 아니라 새로운 도전이 일어날 수 있는 환경과 기회가 더 중요해진 것이다. 도전의 기회가 없으면 창조적 파괴라는 혁신은 일어나지 못하기 때문이다. 따라서 슘페터주의 성장주의자들은 서유럽 국가들이 유럽통합 이후에도 여전히 국내 규제를 유지함으로써 진입과 퇴출 장벽을 쌓고 있음에 주목해, 진입과 퇴출 장벽 철폐를 위한 규제 완화를 성장전략으로 제시했고, 이를 OECD 차원에서도 인용하고 있는 실정이다.

경제력 집중의 해소를 통해 새로운 기업들에게 진입할 기회를 만들어 주지 않는다면 한국에서의 슘페터적 혁신은 아주 한정된 분야에서만 가능할 것이다. 특히 1997년 경제위기 이후에 한국 제조업의 독과점 양상은 심화되었고, 중간재 생산에서는 원청 대기업이 하청기업들과 전속거래 관계를 유지하게 되었다. 이런 전속 계약하에서는 반복 거래를 통해 원청 대기업이 하청기업의 비용 구조를 거의 다 파악하게 되고, 단가 후려치기를 쉽게 할 수 있게 된다. 또한 하청기업이 혁신을 통해 원가를 절감할 수 있는 기술을 만들어도, 결국 원청 대기업이 하청기업의 기술을 탈취해 다른 하청기업에 넘긴 후, 제품을 더 싸게 만들도록 해서 단가를 낮추는 행태가 무한히 반복되고 있다. 이런 전속 계약 체제로 인해, 부품 및 소재를 생산하는 중소기업의 주 무대인 B2B Business to Business에서의 혁신의 기회와 유인이 모두 사라지고 있다.

기회와 유인의 중요성은 국내 B2B와 B2C Business to Consumer 산업에서

유니콘 기업의 발생을 비교해 보면 명확하다. 유니콘 기업이란 흔히 기업 가치가 1조 원이 넘는 비상장 기업을 말한다. 중소벤처기업부에 따르면, 2021년 말 기준으로 우리나라 유니콘 기업은 18곳이며, 이미 상장했거나 M&A를 통해 유니콘 기업에서 벗어난 기업을 포함하면 27개 사다. 한국은 아시아에서 중국과 인도 다음으로 혁신적인 유니콘 기업을 많이 보유하고 있으며 서유럽 국가와 비교해도 꽤 많은 편이다. 그런데 한국의 유니콘 기업들은 모바일, 화장품, 게임, 핀테크, O2O, 전자상거래, 바이오, 부동산 중개, 도소매업, 게임 등 주로 B2C를 지향한다. 결국 문제는 진입 및 퇴출 장벽이 높고 약자의 재산권이 제대로 보호되지 않고 있는 중간재 산업이다.

GDP의 26% 정도를 담당하는 제조업, 제조업의 절대 다수를 차지하는 중간재 산업에서 혁신이 없다면 한국 경제는 지속 가능하지 않다. 재벌의 경제력 집중 해소를 통해 시장에 경쟁을 도입해 전속적 하청 구조를 해체하고, 기술을 탈취한 기업의 경제적 능력에 비례해 징벌배상액을 정하는 진정한 징벌배상 제도를 실시하며, 민사소송의 원고 측 변호사가 형사재판의 검사처럼 증거를 확보할 수 있는 권한을 법원이 부여하는 디스커버리 제도를 도입한다면 한국 중간재 산업에서도 혁신은 들불처럼 일어날 것이다.

탄소중립과
산업전환

산업 간 진화는 탄소중립 이행과 RE100에 대응하기 위해서도 필수적이다. 지금처럼 중화학공업 중심의 제조업 구조를 유지한 채 탄소중립으로 이행하는 것은 사실상 불가능하다. 다시 말하자면, 저탄소-친환경 산업 구조로의 전환 없이 탄소중립은 달성되기 어렵다. 이런 위기는 재생에너지를 100% 사용하라는 RE100에 대한 요구가 반도체 공급망 전반에서 거세게 일고 있는 현실을 고려하면 더욱 심각함을 알 수 있다. 글로벌 서버 1위인 델테크놀로지스와 마이크로소프트MS는 2030년까지 반도체 등 부품·소재 공급자들이 탄소 배출량을 각각 45%와 50% 감축하도록 하겠다고 밝혔다. 애플과 아마존웹서비스AWS는 각각 2030년, 2040년까지 부품·소재 공급자들이 RE100을 달성하게 하겠다고 선언했다. 네덜란드 반도체 장비업체인 ASML은 2040년까지 고객사들이 RE100을 달성해야 장비를 판매하겠다고 공언했다.

이런 상황에서, 삼성전자와 SK하이닉스의 반도체 설비투자 행보는 대만의 TSMC와 비교된다. 2023년 9월에 TSMC는 대만 공장에서 2030년까지 재생에너지를 60% 사용하고 2040년까지 RE100을 달성하겠다고 발표했다. 이런 전략적 결정을 뒷받침하기 위해서, TSMC는 ARK 전력과 20년 장기 계약으로 2만GWh 태양광 전력을 확보했으며, 덴마크 오르스테드Orsted로부터 대만해협에 설치한 해상풍력발전 1GW를 구매하고, 자체 공장에 태양광 발전 패널도 설치하기로 했다.

삼성전자와 SK하이닉스는 국내의 RE100 이행을 위한 대책은 외면하면서 첨단 반도체 시설을 미국에 건설하고 생산할 요량으로 보인다. 삼성전자와 SK하이닉스가 첨단 반도체 공장을 한국에 더 이상 짓지 않기 시작하면, 국내 제조업의 공동화를 피하기 어렵다. TSMC의 재생에너지 수급 계획처럼, 삼성전자도 국내 공장에서 2040년까지 RE100을 달성할 수 있는 구체적인 재생에너지 수급 계획안을 제시해야 한다.

출자구조 개혁을 통해 산업 내, 산업 간 진화의 엔진을 점화하는 것과 동시에, 정부는 반도체·자동차·배터리 산업 등을 국내에 유치할 RE100 산업클러스터를 조성하고, 재생에너지 생산 목표치 및 입지 그리고 분산형 전력망 도입을 통합적으로 검토, 추구하는 녹색산업정책과 에너지믹스정책의 조합을 지체 없이 시작해야 한다.

나아가, 정부는 아시아 지역의 반도체 공급망을 국내에 유치하기 위한 경제외교에 총력을 기울여야 한다. 현재 아시아 반도체 공급망을 일본에 입지시키려는 작업들이 이뤄지고 있다. 그러나 일본은 지진이라는 자연재해에서 자유롭지 못하며 여전히 반도체 생산 기업들이 취약하다. 우리가 RE100을 지원할 재생에너지를 충분히 확보하면, 경제안보와 반도체 생산 인프라라는 측면에서 아시아 반도체 공급망 허브를 유치 못 할 이유가 없다.

개인투자자에게 기업 밸류업이란?

기업 밸류업 프로그램은 한국 주식시장의 정상화 과정이기도 하다. 기업 밸류업 프로그램 단계에 따라 최적의 투자 전략도 변화되어야 한다.

2024년 봄에 한 지인에게 들은 이야기이다. 지인이 아는 자영업 하는 분이 친구 자영업자 이야기라고 들려줬다는 내용을 전해 들은 것이다. 이 친구 자영업자는 편의점주였는데, 어느 날 가게를 그만두고 가게 보증금으로 주식 투자를 하고 있다는 이야기였다. 그 이야기를 듣고 가슴이 덜컹했다.

2024년 여름이 시작될 즈음에, 미국 뉴욕 연방준비은행에서 17년간 재직하고 있는 한국인 박사님에게서 다음과 같은 말을 들었다. 한국에 있는 자신의 친척분인데, 최근 퇴직한 후에 퇴직금을 주식에 분산 투자하는 게 아니라 한두 종목에 이른바 '몰빵'을 하는 것을 보고 경악했다는 것이다.

주식 투자는 장기 분산 투자가 원칙이라는 교과서적 이야기가 한국에서는 통하지 않는다. 자본시장을 마치 도박판처럼 생각하거나 또 개인투자자의 이런 위험한 투자 행위를 부추겨서 금전적 이득을 취하려는 시도가 넘쳐 나고 있기 때문이다. 필자도 이른바 '리딩방'에 초대하는 문자를 하루에 세 개를 받은 적도 있다. 특정 종목을 추천하는 유튜버들, 주식 투자를 이렇게 하면 돈을 벌 수 있다는 주식 투자 책들이 성행 중이다. 주식 투자나 코인 투자로 일확천금을 노리는 개인투자자가 유독 우리나라에 많은 것은 경제적 생애주기가 50대 초에 단절되는 한국의 사회 구조적 문제와, 자본시장에 만연한 주가조작과 투기적 행위 때문이다.

개인투자자의
수익률이 낮은 이유

한국 주식시장에서 개인투자자 수는 2022년 연말 기준으로 1,424만 명이다. 한국예탁결제원에 따르면, 2019년 말 600만 명 수준의 개인투자자가 코로나19 기간을 거치면서 거의 2.5배 가까이 급증한 것이다. 무엇보다 20~30대 젊은 투자자들이 주식시장에 대거 유입되었는데, 2019년 우리나라 20대와 30대 전체 인구 중에서 주식투자자는 각각 5%, 15%에 불과했으나, 1년 만에 각각 15%, 25%로 증가한 것으로 나타났다.

코로나19 대유행에 대응하기 위해서 세계 각국이 재정을 대폭 풀고 낮은 이자율을 지속적으로 유지하면서 주식시장이 전 세계적으로 크게 올랐고, 우리도 예외는 아니었다. 〈그림 5〉에서 볼 수 있듯이, 2020년

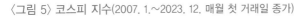

〈그림 5〉 코스피 지수(2007. 1.~2023. 12. 매월 첫 거래일 종가)

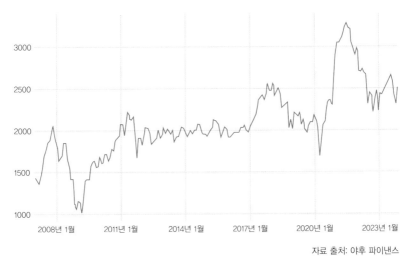

자료 출처: 야후 파이낸스

1월 시작일 종가 기준으로 코스피 지수는 2175.17이었으나, 2021년 1월 시작일 종가 기준으로 2944.45로 상승했고, 2022년 7월 시작일 종가 기준으로 3282.06으로 최고치를 찍었다.[31]

그러나 2011년 자본시장연구원의 분석에 따르면(김민기·김준석, 2021), 코로나19 국면에서 개인투자자들은 시장수익률을 하회하는 투자성과를 기록했고, 특히 2020년 3월 이후 주식시장에 진입한 신규투자자 중 60%는 손실을 입었다. 결국 코로나19 기간의 높은 시장 투자수익률에도 불구하고, 입소문으로 떠돈 주식 벼락부자 이야기는 극소수의 이야기였을 뿐이고, 대부분 개인투자자들은 평균 이하의 수익률

---

31 〈그림 5〉에서 볼 수 있듯이, 코스피는 2023년 이후에는 2200에서 2700 사이의 이른바 박스권에서 등락하고 있다.

을 내거나 오히려 손실을 입었다는 것이다.

그런데 개인투자자의 주식시장에서의 이 같은 성과는 한국 이야기 만은 아니다. 기존 해외 실증 연구에서도(김민기·김준석, 2022) 개인투 자자는 주식시장에서 시장수익률을 하회하는 투자성과를 거두는 것 으로 나타나는데, 개인투자자의 투자행태는 분산 투자 수준이 낮고, 과도하게 자주 거래하며, 때로는 매우 투기적인 모습을 보이기 때문 이다. 또한 과거 수익률을 추종하여 거래하는 현상, 군집적으로 거래 하는 현상, 매수가격에 비해 주가가 상승한 주식보다 주가가 하락한 주식을 오래 보유하는 현상 등의 비합리적 행태도 관찰된다.

특히 개인투자자는 지나치게 자주 거래한다는 것이 개인투자자 수 익률이 낮은 주요 원인으로 지목된다. 미국 월평균거래량 상위 25% 에 해당되는 개인투자자의 거래회전율은 연간 250%에 이르며, 대만, 중국의 개인투자자 거래회전율은 각각 300%, 500%가 넘는다. 그러나 2020년 코로나19 국면에서 국내 개인투자자의 연간 거래회전율은 무 려 1,600%를 상회했다(김민기·김준석, 2021). 그럼에도 투자수익률은 주가지수 수익률에 미치지 못했던 것이다.

우리나라에서 개인투자자의 이른바 단타가 상대적으로 더 심각한 것은 코로나19 기간에만 일어난 현상이 아니다. 2022년 연말 기준으 로, 개인투자자는 전체 투자자의 99.1%를 차지하나, 소유주식 수의 50.7%를 보유하고 있다. 투자자 수로 0.4%에 불과한 법인이 주식 수 로는 36.6%를 보유하고 있고, 0.2%의 외국인이 12.2%의 주식 수를 보 유하고 있다. 시가총액 기준으로 보면 개인투자자의 비중은 더욱 낮 은데, 2020년 연말 기준으로 개인투자자 보유 주식이 시가총액에서 차지하는 비중은 28%에 불과하다. 그럼에도 불구하고, 총거래대금에서 개인투자자 비율은 64%로, 법인이나 외국인에 비해서 주식 거래를 매우 빈번하게 하고 있음을 알 수 있다. 총거래대금에서 한국 개인투자자 비율은 세계 주식시장에서 가장 높은데, 미국과 일본의 평균 30%보다 두 배가량 높은 것이다(이선애, 2023).

개인투자자의 과도한 거래와 저조한 투자성과는 유동성 수요, 포트폴리오 조정과 같은 합리적 거래동기 혹은 정보 비대칭성과 같은 요인으로 충분히 설명되지 않으며, 행태적 편의에서 비롯된 비합리적 투자의사 결정이 주요 원인일 가능성이 높다. 실제로 2022년 자본시장연구원 보고서에 따르면(김민기·김준석, 2022), 직전 시점의 시장수익률이 높을수록 개인투자자의 거래량이 증가하고, 거래빈도가 높은 투자자 유형에서 이러한 관계가 더 강하게 나타난다. 또한 거래빈도가 높은 투자자 유형에서 매수주식의 수익률이 매도주식의 수익률보다 낮은 경향이 뚜렷하다. 이러한 결과는 개인투자자의 과잉확신 성향이 과도한 거래를 유발하고 투자성과를 저해하는 요인임을 보여 준다.

기업 밸류업 프로그램에 따른
3단계 투자 전략

기업 밸류업 프로그램은 한국 주식시장의 정상화 과정이기도 하다. 따라서 기업 밸류업 프로그램 단계에 따라 최적의 투자 전략도 변화되어야 한다. 먼저, 바람직한 기업 밸류업 프로그램으로 가장 신속하게 시행될 수 있는 것으로 국민연금 운용의 정상화와 주주의 비례적 이익을 명문화하는 상법 개정을 꼽을 수 있다. 상법 개정은 여야와 정부 사이에 어느 정도의 공감대도 형성되어 있고, 국민연금 운용의 정상화도 집권세력의 의지만 있으면 실행할 수 있는 사안이다. 만약에 이런 조치들이 이행된다면, 이른바 주인 없는 기업이라고 불렸던 민영화된 소유분산 기업들의 밸류업이 실현될 수 있다. 국민연금이 정상적인 기관투자자로서 역할을 하고 사외이사들이 본분에 충실하면, 미국의 소유분산 기업들처럼 이미 도입되어 있는 미국식 기업 지배구조가 이들 기업에서도 제대로 작동되기 시작할 것이다. 따라서 1단계라고 할 수 있는 이 경우에, 은행, KT, 포스코 등등 민영화된 소유분산 기업들의 주식을 담는 펀드를 구성해서 투자하는 전략이 필요하다.

두 번째 단계로 소수주주 동의제와 디스커버리 제도가 도입될 경우를 상정할 수 있다. 소수주주 동의제를 통해, 재벌체제에서 지배주주의 사익편취를 일반 소수주주들이 직접 방지할 수 있으며, 재벌 기업에서 사외이사의 독립성을 높일 수 있다. 또 디스커버리 제도가 도입되면 주주의 비례적 이익을 무시하는 사외이사에게 주주대표소송을 통해 책임도 물을 수 있게 된다. 따라서 소수주주 동의제와 디스커버리 제도가 도입되는 단계에서는 재벌 기업에서 총수일가의 사익편취가 상당히 억제되고, 이른바 코리아 디스카운트도 해소되기 시작할 것이다. 그러므로 이 단계에서는 재벌 기업들 중에서 사익편취 가능성 때문에 PBR이 낮게 형성되어 있는 기업들 중심으로 기업 가치 제고가 일어날 수 있고, 따라서 이런 기업들을 중심으로 투자계획을 실행하는 것이 필요하다.

마지막 단계는 출자구조 개혁과 징벌배상이 도입되는 상황이다. 디스커버리 제도와 함께 징벌배상 제도가 도입되면, 기업 경쟁력의 원천이 단가 후려치기와 기술 탈취가 아니라 인적자본과 기술력이 될 수밖에 없다. 출자구조 개혁으로 산업 내 진입 장벽이 낮아지고 새로운 도전기업이 나타나며, 경쟁에서 살아남기 위해 기업들은 새로운 혁신을 불러올 것이다. 멈춰 선 산업 고도화라는 산업 내 진화와 새로운 미래 먹거리 산업이 도입되는 산업 간 진화가 본격적으로 일어날 수 있다. 이럴 경우에 누가, 무엇이 성공할지에 대한 불확실성이 더 커진다. 따라서 3단계에서는 성장주 중심의 포트폴리오에 장기 분산 투자하는 교과서적 투자 전략을 따라야 한다. 주식 투자가 벼락부자가 되는 수단이라는 잘못된 인식이 교정되고, 한국 자본시장도 정상화되기 시작할 것이다.

3단계에 걸친 기업 밸류업 프로그램이 제대로 시행되면, 한국 주식시장의 정상화와 경제구조 개혁을 넘어, 사회 전반에 근본적인 변화가 일어날 수 있다. 인적자본과 기술력이 기업 경쟁력의 원천이 되기 때문에 기업 입장에서는 숙련된 인적자본인 50대 노동자를 지금처럼 강제로 퇴직시킬 유인이 줄어든다. 또한 중간재를 생산하는 중소·중견기업에서는 혁신을 통해 노동생산성의 증가와 대기업·중소기업 간 임금 격차의 완화를 가져올 수 있다. 노동개혁과 복지정책의 전환이 같이 맞물리면, 중소기업에 일찍 취업해 정년까지 근속해도 노후에 연금 생활이 가능해질 수 있다. 청년 실업 문제도 완화되고, 연금 생활이 가능한 사회가 되는 것이다. 연금 생활자는 자영업의 수요층이다. 자영업 과잉공급은 해소되고 수요층은 늘어나 자영업을 해도 먹고살 수 있게 될 것이다. 이럴 경우 노인 빈곤 문제도 해소된다. 즉 노년에 노인 빈곤이 아니라 연금과 장기 주식 투자수익률에 기대어 편안한 생활을 영위할 수 있을 것이다. 이처럼 경제적 생애주기에 대한 합리적 예상이 가능해지면 청년들은 더 일찍 취업하고 더 빨리, 더 많이 결혼할 수 있다. 비정상적인 출생률 저하 문제도 해소될 수 있는 것이다.

단행본, 논문

공정거래위원회(2024), 『공정거래백서』.

김민기·김준석(2021), 「코로나19 국면의 개인투자자: 투자행태와 투자성과」, 『이슈보고서』, 21(11), 자본시장연구원.

_____(2022), 「국내 개인투자자의 행태적 편의와 거래행태」, 『연구보고서』, 22(2), 자본시장연구원.

김우진(2024), 「국내 은행그룹의 기업가치 제고 방안」, 『금융브리프』, 33(7), 한국금융연구원, 3~8쪽.

김우진·이민형·김유경(2023), 「Comply or Explain 원칙 재검토: 기업지배구조보고서상 핵심지표 준수 여부 신뢰도와 설명 충실도 검증」, 『법경제학연구』, 20(3), 한국법경제학회, 305~332쪽.

김주현·박상인(2021), 「지주회사 체제로의 전환이 기업지배구조와 내부거래에 미치는 영향」, 『경제학연구』, 69(2), 한국경제학회, 29~64쪽.

김준석·강소현(2023), 「코리아 디스카운트 원인 분석」, 『이슈보고서』, 23(5), 자본시장연구원.

박상인(2021), 『이스라엘의 2013 반경제력집중법』, 서울대학교 출판문화원.

_____(2022), 『재벌 공화국』, 세창미디어.

송민경(2019), 「국민연금의 스튜어드십 코드 참여: 주요 내용, 의의 및 과제」, 『기업지배구조 리뷰』, 90, 한국ESG기준원, 99~133쪽, 〈표 5〉.

이승희(2018), 「1997~2017 주주대표소송 제기 현황과 판결 분석」, 『경제개혁

리포트』, 2018(3), 경제개혁연구소.

임자영(2018),「기업 인수 과정의 경영권 프리미엄 지급 동향」,『KCGS Report』, 8(5), 한국ESG기준원, 2~9쪽.

천경훈(2013),「전후 일본의 재벌해체와 채무귀속: 일제강제징용사건의 회사법적 문제에 관한 검토」,『서울대학교 法學』, 54(3), 서울대학교 아시아태평양법연구소, 433~470쪽.

Aoki, M., G. Jackson and H. Miyajima (ed.) (2007), *Corporate Governance in Japan: Institutional Change and Organizational Diversity*, Oxford: Oxford University Press.

Aran, Y. and M. Ofir (2020), "The Effect of Specialised Courts over Time," S. Ranchordas and Y. Roznai (eds.), *Time, Law and Change: An Interdisciplinary Study*, Oxford: Hart Publishing, pp. 167~188.

Arikawa, Y. and H. Miyajima (2007), "Relationship Banking in Post Bubble Japan: Co-existence of Soft-and Hard Budget Constraint," M. Aoki, G. Jackson and H. Miyajima (eds.), *Corporate Governance in Japan: Institutional Change and Organizational Diversity*, Oxford: Oxford University Press, pp. 79~124.

Becht, M. and J. B. DeLong (2005), "Why has there been so little block holding in America?," R. K. Morck (ed.), *A History of Corporate Governance Around the World*, Chicago: University of Chicago Press, pp. 613~666.

Becht, M., J. Franks, J. Grant and H. Wagner (2017), "The returns to hedge fund activism: An international study," *The Review of Financial Studies*, 30(9), pp. 2933~2971.

Choi, J., A. Levchenko, D. Ruszic and Y. Shim (2024), "Superstars or Supervillains? Large Firms in the South Korean Growth Miracle," NBER Working Paper No. w32648, Mimeo.

Ducret, R. and D. Isakov (2020), "The Korea discount and chaebols," *Pacific-Basin Finance Journal*, 63, p. 101396.

Fohlin, C. (2005), "The History of Corporate Ownership and Control in Germany," R. K. Morck (ed.), *A History of Corporate Governance Around the World*, Chicago: University of Chicago Press.

Franks, J., C. Mayer, H. Miyajima and R. Ogawa (2018), "Stock Repurchases and Corporate Control: Evidence from Japan," RIETI Discussion Paper Series 18-E-074.

Fried, J., E. Kamar and Y. Yafeh (2020), "The Effect of Minority Veto Rights on Controller Pay Tunneling," *Journal of Financial Economics*, 138(3), pp. 777~788.

Grossman, S. and O. D. Hart (1986), "The Costs and Benefits of Ownership: A Theory of Vertical and Lateral Integration," *Journal of Political Economy*, 94(4), pp. 691~719.

Hamao, Y., K. Kutsuna and P. P. Matos (2018), "U.S.-style investor activism in Japan: The first ten years," *Journal of the Japanese and International Economies*, 48, pp. 29~54.

Henderson, R., G. Sarafeim, J. Lerner and N. Jinjo (2019) "Should a Pension Fund try to change the World? Inside GPIF's Embrace of ESG," Harvard Business School Case No. 319-067.

Herrigel, G. (2010), *Manufacturing Possibilities: Creative Action and Industrial Recomposition in the United States, Germany, and Japan*, Oxford: Oxford University Press.

Hogfeldt, P. (2005), "The History and Politics of Corporate Ownership in Sweden," R. K. Morck (ed.), *A History of Corporate Governance Around the World*, Chicago: University of Chicago Press, pp. 517~580.

Kandel, E., K. Kosenko, R. Morck and Y. Yafeh (2019), "The Great Pyramids of

America: A Revised History of US Business Groups, Corporate Ownership and Regulation, 1926~1950," *Strategic Management Journal*, pp. 781~808.

Kim, E. and Y. Lu (2013), "Corporate Governance Reforms Around the World and Cross-Border Acquisitions," *Journal of Corporate Finance*, 22, pp. 236~253.

La Porta, R., F. López-de-Silanes and A. Shleifer (1999), "Corporate ownership around the world," *Journal of Finance*, 54, pp. 471~517.

La Porta, R., F. López-de-Silanes, A. Shleifer and R. Vishny (2000), "Investor protection and corporate governance," *Journal of Financial Economics*, 58(1-2), pp. 3~27.

Li, N. (2021), "Do Majority-of-Minority Shareholder Voting Rights Reduce Expropriation? Evidence from Related Party Transactions," *Journal of Accounting Research*, 59(4), pp. 1385~1423.

Miyajima, H. and F. Kuroki (2007), "The Unwinding of cross-shareholding in Japan: Causes, effects, and implications," M. Aoki, G. Jackson and H. Miyajima (eds.), *Corporate Governance in Japan: Institutional Change and Organizational Diversity*, New York: Oxford University Press, pp. 79~124.

Miyajima, H. and T. Saito (2022), "Corporate governance reforms and selling relational shares: Its determinants and consequences," Waseda University (in Japanese), Mimeo.

Miyajima, H., T. Hoda and R. Ogawa (2014), "Ownership, Control and Commitment: The Case of Japan since the Late 20th Century," Waseda University, Mimeo.

Nicoletti, G. and S. Scarpetta (2003), "Regulation, productivity and growth: OECD evidence," OECD Economics Department Working Papers No. 347.

OECD (2018), *OECD Economic Surveys: Korea 2018*, Paris: OECD Publishing.

Schneider, B. (2013), *Hierarchical Capitalism in Latin America: Business, Labor, and the Challenges of Equitable Development*, New York: Cambridge University Press.

Song, B. (2003), *The rise of the Korean economy*, Hong Kong: Oxford University Press.

기사, 보도자료 외

경제개혁연대, "이사의 충실의무 대상에 주주의 비례적 이익 포함하는 상법 개정, 신속히 추진해야," 보도자료, 2024. 5. 27. (http://www.ser.or.kr/bbs/board.php?bo_table=B11&wr_id=20655)

김동하, "'PBR 1배 미만 상장사 1,104개' … '만년저평가 업종 주목'," 한경코리아마켓, 2024. 1. 30. (https://www.hankyung.com/article/2024013003325)

김윤나영, "금투세 낼 가능성 있는 상위 1%, 전체 주식 53% 보유… 1인당 29억 원," 경향신문, 2024. 8. 19. (https://www.khan.co.kr/economy/economy-general/article/202408191613001)

김태성·차창희, "'성장성도 매력도 없다' K증시 등돌린 MZ개미," 매일경제, 2024. 4. 23. (https://www.mk.co.kr/news/stock/10997974)

김형수, "최근 5년간 기술유출 5400억원 피해," 내일신문, 2020. 2. 27. (https://m.naeil.com/news/read/341954)

이선애, "증시의 개미 비중 세계 최고… 비합리적 투자 행태에 변동성 커질 우려," 아시아경제, 2023. 11. 10. (https://www.asiae.co.kr/article/2023110916464437808)

장원수, "두산밥캣, 두산로보틱스와의 포괄적 주식교환 철회… 상장폐지 무산," 인사이트코리아, 2024. 9. 9. (https://www.insightkorea.co.kr/news/articleView.html?idxno=209623)

KRX, "23년 기업지배구조보고서 공시 점검 및 분석 결과 발표," 한국거래소 공식블로그 보도자료, 2023. 12. 7. (https://blog.naver.com/happy_krx/223285625264)

Davies, C., "Is South Korea's economic miracle over?," Financial Times, 2024. 4.
29. (https://www.ft.com/content/b34e8bc8-9f78-45c8-a15b-3df9cdfd858f)

Rapp, M. (2014), "An overview of the changes in German corporate governance
and ownership structures since 1990s," Presentation prepared for the Workshop
on "Comparative Approach to Corporate Governance and Ownership Structure"
at Seoul National University.